SANS FARD

fabiancrfx

SANS FARD

Avec l'aide d'Alexandra Raillan

hachette

SOMMAIRE

MANIFESTO

Écrire, c'est ouvrir une porte vers l'inconnu. Que vais-je raconter ? Qui va me lire ? Quel est mon message principal ? Comme à mon habitude, j'ai mille et une questions en tête. Et puis je me suis lancé. J'ai raconté mon histoire, mon parcours, mes envies. J'ai réussi à ranger toutes mes idées pour commencer *Sans fard* sans rien cacher, en étant comme je suis dans la vraie vie.
Écrire ce livre a été pour moi très libérateur. J'ai pu mettre des mots sur ce qui compte par-dessus tout dans ma vie : me maquiller. Ça peut sembler futile, mais se maquiller quand on est un garçon, c'est loin de l'être ! Vivre de ce métier-passion, voilà qui n'était pas gagné...
Si j'avais un pinceau magique, j'aimerais que ce livre arrive à démontrer que se maquiller, c'est avant tout une liberté. Et donc un choix.
Et ce, peu importe notre « genre ». Une fille ne « doit » pas se maquiller pour dévoiler et assumer sa féminité.
À l'inverse, un garçon peut le faire si cela l'amuse et correspond à ses valeurs ou à ses envies.
Cette façon de penser et de voir le monde n'est pas encore entrée dans les mœurs. D'ailleurs, avec l'exposition de mon image sur les réseaux sociaux, j'ai appris au fil des mois que cette liberté a un prix. Au-delà des mots et des intentions, vous allez voir que ce n'est pas si simple pour un garçon comme moi de se maquiller sans s'attirer les foudres de certains homophobes et sans se faire remarquer dans la rue. Tout ce qui chamboule l'ordre établi dérange.
Au final, ce sont les réseaux sociaux qui m'ont offert un véritable espace d'expression, libre et engagée. Merci, Instagram et TikTok !

Aujourd'hui, ma communauté est tellement présente que je n'ai plus à subir les insultes et les menaces que j'ai reçues à mes débuts. Merci, les stars de ma communauté ! Je parle de mon cas, mais je sais que les filles aussi paient encore ce poids de la liberté, chèrement acquise pour elles. Aujourd'hui encore, en 2023, on se permet de juger qu'unetelle est « mal habillée, pas assez féminine », que telle autre « porte des jupes bien trop courtes », que celle-ci « se maquille comme un camion volé »... Que de jugements à la va-vite ! Qu'est-ce que ça peut bien faire si une femme aime s'habiller « comme un homme » ? Si une autre apprécie les minijupes ? Ou encore qu'elle kiffe son maquillage façon soir de réveillon ? Vous voyez, le maquillage... finalement, ce n'est pas si futile. Ce domaine fait de fards, de poudres et de paillettes révèle beaucoup de choses sur nous, sur la société dans laquelle nous vivons, sur notre tolérance et notre façon de penser...

J'ai fait un rêve...
Un jour, je pourrai descendre dans la rue, maquillé comme sur les réseaux sociaux, dans l'indifférence générale.
Un jour, je n'aurai plus besoin de choisir entre sortir non maquillé pour aller chercher des colis à La Poste ou me préparer pour mes prochaines vidéos.
Je pourrai enchaîner les deux.
La Poste + le maquillage.
Le maquillage + La Poste. Dans un ordre interchangeable, selon mon humeur du moment. Sans avoir à réfléchir. Sans avoir besoin de planifier.
Naturellement.
De manière totalement neutre.
Un jour, je me maquillerai, et ce sera « normal ».

En tant qu'influenceur, par mes posts sur les réseaux, je démocratise le maquillage non genré, je fais sauter une barrière, je repousse les limites fixées par une société bien-pensante. Grâce à mon compte et à d'autres influenceurs comme moi, on voit enfin de plus en plus d'hommes se maquiller. Mais je pense souvent à une parodie inspirée du film *The Truman Show*. Un influenceur vit enfermé dans sa réalité virtuelle. Il se maquille seul devant son miroir et son écran. Il reçoit une avalanche de likes, une pluie de compliments. Des cœurs, cœurs, cœurs défilent sur son téléphone. Cet influenceur décide de quitter sa bulle virtuelle et de descendre dans la rue, aussi maquillé que sur les réseaux. Et là, c'est la douche froide. Entre la vie rêvée sur les réseaux sociaux et la vraie vie, il reste encore un long chemin à parcourir. Un chemin que j'aimerais emprunter avec vous. Du Fabian d'hier au Fabian de demain, je me dévoile comme jamais pour ouvrir une voie pour tous. Celle de la liberté d'être.

Je dédie ce livre à tous ceux qui souffrent ou qui ont souffert de discriminations.
À tous ceux qui n'ont pas encore trouvé leur place dans ce monde.
À tous ceux qui me ressemblent... ou pas.
À tous ceux qui sont jugés « différents ».

FABIAN DE SAINT-JUST,

un jeune en plein questionnement

Jusqu'à ce que je m'installe à Paris, j'ai vécu dans un village pas très loin de Montpellier, dans l'Hérault. Près de la mer, dans ce décor camarguais, mon enfance a été paisible. J'y ai grandi avec mon frère, Melvin – qui a cinq ans de plus que moi –, avec mes deux parents, plutôt cool, et, non loin, mes grands-parents maternels. Mon caractère ? Plutôt sage. Mon père travaille dans la distribution de café, et c'est un grand sportif : le week-end, il fait du triathlon. Ma mère, c'est la maman poule et coquette par excellence. Quand j'étais petit, plusieurs fois dans l'année, pour les grandes occasions – anniversaires ou Nouvel An… –, mes parents organisaient chez nous des soirées déguisées. C'est là que j'ai découvert mon goût pour le maquillage. Aujourd'hui, avec le recul, on peut dire que ces soirées des années 2000 ont été déterminantes dans ma vie… Je vous explique tout !

DANS CETTE PARTIE, NOUS ABORDERONS ENSEMBLE…

… la révélation du maquillage

… mes questionnements sur mon identité

… la découverte de mon homosexualité

… le rôle de ma famille

… les homophobes

DATES CLÉS

Je suis Scorpion, né le 25 octobre 2000.

2007-2014 : mes années d'école difficiles. On me juge efféminé.

2016 : je commence à poster sur les réseaux sociaux.

2017 : je ne fais pas un mais deux coming out.

QUI SUIS-JE VRAIMENT ?

MOI, PETIT : UN AMOOOOOOUR

J'ai toujours été un enfant solaire, facile à vivre. Jamais de caprice, toujours gentil, respectueux, aimable. « Merci, madame. Merci, monsieur. » Petit, je suis aussi un peu peureux, sur la réserve. Mes hobbies ? Le dessin, la poterie, la fabrication de bijoux... Je suis déjà un créatif dans l'âme. J'ai un besoin viscéral d'occuper mes mains. Vers 12-13 ans, j'ai déjà conçu un nombre incalculable de bijoux variés pour moi, mais aussi pour ma famille. J'en vends même sur le marché pour me faire un peu d'argent de poche. Je m'attaque aussi à un autre accessoire : le sac à main ! Ma première création ? J'ai upcyclé un vieux jean... en sac ! Mes parents ont tout tenté pour m'inscrire à une activité sportive. Mais je n'aime rien ! Le judo ? Trop peur de me faire mal en tombant sur le tatami. La danse classique ? Bonne idée, mais je suis le seul garçon ! Le foot ? No way Ah si... J'ai tenu presque un an avec le hip-hop. Activité que je trouvais plus artistique que purement sportive. Mais dès qu'il a été question d'un spectacle de fin d'année, j'ai arrêté ! Jamais je ne pourrais danser devant un public.
Face à cette énième tentative et à ce nouvel abandon en cours d'année, mes parents abandonnent : plus question que je suive une activité extrascolaire. Ouf !

SAINT-JUST, C'EST OÙ, AU JUSTE ?

Saint-Just, c'est une petite commune de l'Hérault, près de Montpellier.
Il y a un peu plus de 3 000 habitants... On peut dire que, là-bas, tout le monde connaît tout le monde !

MOI, ADO : PLUTÔT MAL DANS MA PEAU

« Mais Fabian, avoue… t'es gay ? » Combien de fois ai-je entendu cette question ! Je marchais « comme une fille », j'étais « efféminé », je devais plaire « aux garçons »… Pas facile, l'adolescence… Je suis tellement mal dans ma peau, à cette période ! Et mes camarades qui en rajoutent une couche… D'autant que je traverse une phase de doutes. Hétérosexuel ? Homosexuel ? Fille ? Garçon ? Tout est compliqué dans ma tête. Pour avoir la paix, je m'invente même une fausse petite copine, au doux prénom de Vistoria (avec Facebook à l'appui !). Pour calmer mes angoisses, je me goinfre de tout et je prends du poids pour me protéger des autres. La balance indique 93 kg. C'est énorme ! En tout cas, je me sens énorme. Aujourd'hui, j'ai compris que les kilos « refuge » m'ont aidé à passer cette période difficile. Mais sur le coup, je vis très mal cette période dans ce corps qui ne me correspond pas. Heureusement, en même temps, je découvre le maquillage, et c'est ce qui me permet de tenir et de mettre un peu de joie dans ma vie compliquée… Mes kilos me permettent aussi de cacher ma véritable nature, d'engloutir ma personnalité. Je perds d'ailleurs du poids très (trop) vite quand je me pose enfin les bonnes questions sur qui je suis vraiment. Comme si mon corps se réajustait à ma personnalité. Mais tout de même, je ne garde pas un super souvenir de cette période non plus : d'autant que je fais alors vraiment n'importe quoi. Je passe des crises d'hyperphagie boulimique – à engloutir tout ce qui me passe sous la main sans me faire vomir – à des crises de régime sec. Je saute le dîner, parfois aussi le petit déj', et je me contente d'une tomate le midi… Avec cette alimentation complètement désastreuse – que je ne conseille à personne –, je perds 20 kg en six mois. D'ailleurs, cela m'a valu quelques soucis de santé. Donc, vraiment, n'oubliez pas que les kilos, ça va, ça vient. Faut essayer de ne pas en faire toute une histoire.

« J'AURAIS AIMÉ À L'ÉPOQUE POUVOIR PARLER DE MON MAL-ÊTRE, DE MES RESSENTIS, CELA M'AURAIT ÉVITÉ DE M'ENFERMER DANS LA NOURRITURE. »

MES TATOUAGES

L'AVION ET LA BOUSSOLE
J'ai voulu ces deux symboles sur l'avant-bras gauche, côté veines, pour dire que même si la vie nous sépare géographiquement, nous ne serons jamais très loin les uns des autres avec mon frère et mes parents. Mon frère a des envies de grandes villes, type New York. Mes parents rêvent de s'installer dans les Antilles. Et moi… dans une cabane au fond des bois. Des destinations différentes qui ne nous empêcheront pas de nous retrouver le plus souvent possible.

LE SOLEIL ET LA LUNE
En clin d'œil au duo inséparable que j'ai formé avec Sarah, au lycée. Ils sont situés sur chaque cheville. Psst… Je les ai dessinés moi-même à l'encre de Chine. Oui, je sais, ce n'est pas un exemple à suivre !

1971
L'année de naissance de mes parents, en rouge, tatouée au-dessus du cœur, sur le pec.

L'ŒIL
Pour me protéger du mauvais œil… et des gens qui parlent dans mon dos. C'est pour ça qu'il est derrière le bras gauche, celui du cœur.

UN COQUELICOT
Ma fleur préférée, près du coude… Je peux même en faire des poupées comme sur l'une de mes vidéos TikTok, en retournant les pétales.

UN SCORPION
Sur le poignet, on retrouve mon signe astrologique, avec un petit cœur quand même… Les Scorpion ont mauvaise réputation mais je voulais montrer qu'on n'est pas toujours piquants !

DEUX AMOUREUX
En haut du bras, un couple enlacé, parce qu'il n'y a rien de plus beau que l'amour…

LA PHRASE « CREATE YOURSELF »
Comme un mantra pour moi, à l'intérieur du bras gauche, au-dessus de la pliure du coude.

MES PROCHAINS TATOUAGES ?
Un verre de vin blanc (mon petit péché mignon, de temps en temps), une abeille (ma phobie) et un tricératops (mon dinosaure préféré). J'en ferai trois nouveaux d'un coup : je ne sais rien faire à moitié !

MA SENSIBILITÉ À FLEUR DE PEAU

Et sinon, je suis quelqu'un de particulièrement stressé. J'aime que tout soit carré, parfaitement sous contrôle. Je pense que cette façon de voir les choses est liée à mon hypersensibilité.
Je suis une éponge. Je ressens tout, en puissance mille. C'est pour éviter de me faire submerger par les émotions que je me protège un maximum. Par exemple, je ne suis pas le genre de personne à envoyer des milliers de messages ou à appeler les gens que j'aime. D'ailleurs, ça m'a valu une paire de brouilles, car mon entourage, famille ou amis, ne comprend pas toujours comment je fonctionne. Je suis tout le temps sur mon téléphone pour le boulot, mais je ne suis pas fan des échanges virtuels. Je préfère voir les gens en vrai et pleinement profiter du moment. Et ensuite, c'est silence radio.

MOI, ADULTE : ULTRA-SENSIBLE, ULTRA-STRESSÉ

Aujourd'hui, j'ai grandi, et j'ai perdu beaucoup de poids. Heureusement, tous ces déséquilibres alimentaires sont globalement derrière moi. Même si, parfois, quand je suis très stressé, mes TCA (troubles du comportement alimentaire) peuvent resurgir. Toutes les personnes qui ont des troubles alimentaires savent à quel point il est dur de les combattre. J'ai quand même moins de crises. Les dernières datent de 2022, année où Léo – mon chéri – faisait encore beaucoup d'allers-retours entre Paris et Strasbourg, me laissant seul le soir... Désormais, tous les jours, je prends soin de moi, afin de ne pas retomber dans ces troubles alimentaires. Je me renseigne énormément sur les qualités nutritionnelles de chaque aliment pour que la nourriture ne redevienne pas mon pire ennemi. Je n'oublie pas que c'est important de manger, et de ne pas se prendre trop la tête.

Désormais, même sans kilos en trop, je souffre de dysmorphie. Je me vois et me ressens bien plus gros que je ne le suis en vérité... Comme si j'avais encore mon corps d'ado, alors que je suis svelte, maintenant – du moins, c'est ce qu'on me dit. J'ai beaucoup de mal à accepter mon corps en général, et mon ventre en particulier. Lui, je ne l'aime pas du tout. Le visage, ça va, d'autant plus que je le transforme à l'envi avec le maquillage. Mais mon corps, je n'y arrive pas. C'est peut-être à cause de ce désamour que j'aime tellement les tatouages. Je voudrais en être entièrement recouvert. J'en ai pour l'instant neuf en tout. J'aime l'idée que mon corps serve de cahier de brouillon, de toile à dessins pour mon talentueux tatoueur. D'ailleurs, vous pouvez le suivre sur Instagram. Son compte, c'est **@zombietears**.

MES PREMIERS MAQUILLAGES, LA RÉVÉLATION...

C'est dingue de penser que tout a commencé les samedis soir de mon enfance... Laissez-moi vous raconter.

L'ESPRIT CRÉATIF DES SOIRÉES DÉGUISÉES

Mes parents ont toujours été de gros fêtards. Et pour eux, la fête passe par des soirées déguisées entre amis. Ces soirées festives de mon enfance m'ont permis de découvrir deux choses. Un, la musique des années 1980. J'adore encore ! Deux, le maquillage qui transforme. Un de mes thèmes préférés ? Les hommes en femmes et vice versa. J'ai alors compris le pouvoir exceptionnel de transformation du maquillage. Le maquillage comme un art qui permet de modifier l'apparence, de devenir quelqu'un d'autre, de changer d'identité ! Quelle révélation. L'espace d'une soirée, j'ai fait illusion, en devenant une mini-version de ma mère. Et cette illusion a élargi le champ des possibles. J'ai tout de suite compris que je pourrais aller plus loin. Le maquillage m'offrait un billet vers des terres inconnues. Un vrai élan de liberté et de créativité.

« ME TRANSFORMER EN FILLE... DEVENIR LE SOSIE DE MA MÈRE, C'EST DE LÀ QUE ME VIENT CETTE ENVIE DE ME DÉGUISER ET DE VIVRE UNE AUTRE PERSONNALITÉ, UN AUTRE MOI. »

LES PRÉPARATIFS

Dès que je suis assez grand pour y participer, c'est-à-dire vers 7 ou 8 ans, moi aussi, j'ai le droit de me déguiser. J'adore me glisser dans la peau d'une autre, en l'occurrence, celle de ma mère. Je me perds dans son dressing, je porte des talons de 6 à 8 centimètres – je n'ai jamais vu ma mère sans escarpins ! –, de belles robes que je bidouille pour qu'elles soient à ma taille et, surtout, ces soirs-là, je-me-ma-quil-le. Mais alors quel plaisir ! Une vraie découverte. Sensations inoubliables aujourd'hui encore. Je m'enferme dans la salle de bains de ma maman et j'ouvre toutes les palettes, je sens tous les rouges, je m'étale du fond de teint... Je change d'identité et je prends plaisir à me métamorphoser et à devenir le sosie de ma mère. Moi, en fille.

Les hommes de la soirée, eux aussi, sont en femmes, mais ils s'amusent autrement : ils préfèrent la caricature – un homme à barbe avec des talons, par exemple.... Moi, au contraire, je joue déjà la carte de la féminité à fond. Le plus beau compliment qu'on m'ait fait ? « Tu ressembles vraiment à une fille ! » Joie, bonheur ! Je rêve de me transformer en miniature de ma mère, et j'y arrive ! Je ne suis pas une caricature, je ressemble vraiment à une fille. J'ai réussi mon pari... Et, du haut de mes 7 ou 8 ans, une nouvelle vie commence pour moi.

ANECDOTE

Il n'y a pas très longtemps, j'ai appris que, dans sa jeunesse, mon père avait voulu être... transformiste ! Il adorait le côté artiste et show. C'est pas banal, comme vocation ! C'est à l'occasion de la préparation de l'émission *Zone interdite* pour M6 que nous en avons discuté tous les deux. Je n'en revenais pas ! Il m'a d'ailleurs montré de nombreuses photos où il prend la pause avec ses copains, déguisés en femmes, eux aussi.

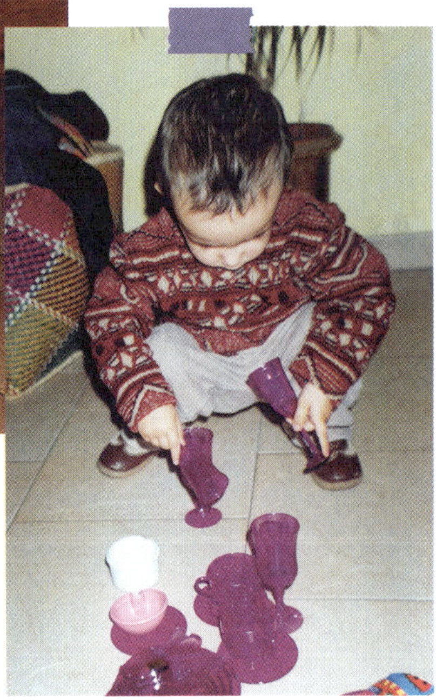

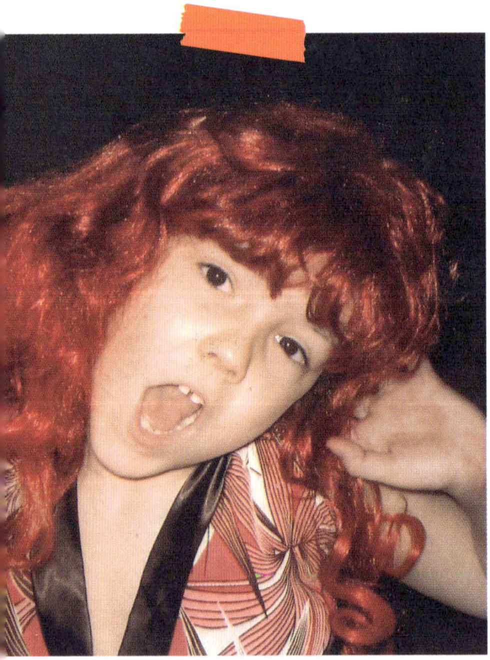

Entre les chaussures
de mon papa, la robe rouge
de ma maman et la dînette rose…
pourquoi choisir ? Je m'amuse
avec tout ce qui m'entoure !

LES ESSAIS, UNE FOIS SEUL À LA MAISON

Le truc, c'est que j'aime tellement me maquiller que je recommence une fois la fête finie, le dancefloor déserté, les serpentins rangés et, surtout, la maison totalement vide. Pas question de me maquiller en présence de mes parents ou de mon frère. C'est étrange, cette sensation : je sais, avec mon innocence d'enfant, que je ne fais rien de mal, et en même temps, je sais que c'est mal. C'est un interdit qui ne se dit pas, qui se ressent au plus profond de soi. Pas besoin de mots. C'est pour cela que j'attends que la maison soit vide pour me maquiller. C'est souvent le cas les mercredis après-midi. Quand je suis sûr qu'aucun membre de la famille ne fera demi-tour parce qu'il a oublié quelque chose, je file dans la salle de bains de ma mère et je farfouille dans les étagères à maquillage. J'ai environ 9 ans, à l'époque, mais je me souviens encore des odeurs de cette armoire. En cachette, tout seul, je dévisse le rouge à lèvres rose fuchsia signé Yves Saint Laurent. Je le dépose délicatement sur mes lèvres, sans déborder. Je m'envoie un bisou dans le miroir et... je me démaquille aussi sec. À peine une petite minute après avoir mis le rouge à lèvres. J'ai tellement peur de me faire surprendre, qu'on me dise : « Non, Fabian, ce n'est pas pour toi le maquillage ! » Mais je ne peux pas résister, je recommence mon petit manège encore et encore. J'adore me voir en rose fuchsia ! J'essaie aussi un vrai rouge-rouge et du rouge-rose, plus délicat. Ma mère doit avoir trois bâtons de rouge à lèvres, je les ai tous essayés plusieurs fois. Un soir, encore une fois tout seul, sans mes parents et encore moins mon frère, j'ai un peu plus de temps devant moi. Je me laisse alors tenter par le mascara. J'adore le résultat glamour sur les yeux, mais c'est un peu plus compliqué à enlever en deux secondes chrono. À l'époque, je trouve que c'est trop risqué de m'en mettre le mercredi après-midi ! Je préfère continuer mes essais avec les rouges. Et, entre deux séances secrètes, je n'ai plus qu'à attendre patiemment la nouvelle soirée organisée par mes parents pour m'adonner librement à mon penchant pour le maquillage. Le samedi soir, pendant les soirées déguisées, c'est le seul moment où je considère que le maquillage pour les garçons est autorisé, accepté et même encouragé ! Le reste du temps, je sens, au fond de moi, que ce n'est pas permis. Et cela me désole.

...ET, TRÈS VITE, LE DÉSENCHANTEMENT

Une fois les déguisements rangés, je me rends rapidement compte, sans que mes parents me disent quoi que ce soit, que le maquillage, ce n'est pas pour les garçons. Et là, c'est le drame.

LA DIFFICILE PRISE DE CONSCIENCE

Le maquillage, « c'est pour les filles », comme le rose et les Barbie. Moi qui aime tant me maquiller... La vie me semble terriblement injuste. Personne ne m'interdit clairement quoi que ce soit. Mais, comme pour tant d'injonctions inconscientes, tout est dit sans qu'il y ait besoin de se parler. J'assimile donc dans mon for intérieur que c'est mal vu. Je ne peux pas affirmer haut et fort que j'aime le maquillage, en dehors de quelques samedis soir dans l'année. Cette situation m'est très pénible. Je ne me suis pas encore positionné sur mon orientation sexuelle, je suis encore trop jeune, mais une chose est sûre : le maquillage, ce n'est pas pour moi qui suis né garçon. Alors je tais mes désillusions et je cherche un autre moyen d'exprimer ma frustration.

L'ABSENCE DE MODÈLES

Je considère le maquillage comme une façon de s'exprimer, d'être créatif, comme la peinture sur une toile. Sauf que... À part moi, qui pense cela ? Je ne vois aucun homme se maquiller.
À la télévision, les seuls hommes qui cassent les codes se font insulter. J'ai grandi avec Benoît Dubois de *Secret Story*. Le seul modèle auquel je pouvais un peu m'identifier. Mais bon, même si je l'adorais, on se moquait tellement de lui, de son « côté efféminé », de ses « manières », que c'était très difficile pour moi de me dire : « Je veux être comme lui. »
En vérité, je n'avais pas très envie de subir le même sort que le sien ! Au contraire, j'avais peur qu'on se moque aussi de moi.
Aujourd'hui, notamment grâce aux réseaux sociaux, de nouveaux modèles existent, auxquels on peut se raccrocher. On voit plus d'hommes qui se maquillent. Des hommes qui portent des talons. Des hommes qui affichent leur singularité. Mais malgré tout, aujourd'hui comme hier, ce n'est pas facile d'être jugé « différent » des autres. Nous ne sommes pas encore sur un pied d'égalité.

L'ÉCHAPPATOIRE : L'ART ET LA CRÉATION

Le couperet « le maquillage, c'est pour les filles » marque pour moi le début d'un long chemin de questionnements.
Je dois gérer un trop-plein d'émotions, mes envies de maquillage non assouvies, et l'expression de ma personnalité. J'aimerais que le maquillage prenne beaucoup plus de place dans ma vie. Mais il m'est interdit de m'y consacrer.
Je trouve un compromis refuge dans l'art sous toutes ses formes. Dessin, peinture, création de bijoux – et même de sacs, comme nous l'avons vu ! –, tout ce que je peux faire avec mes doigts m'occupe l'esprit.
Je n'oublie pas le maquillage, mais je le mets en veille.

« LA SEULE MANIÈRE POUR MOI D'EXPRIMER CE DÉSIR PROFOND QUI M'HABITAIT A ÉTÉ DE LE TRANSPLANTER DANS LES ARTS MANUELS COMME LA PEINTURE, LE DESSIN OU ENCORE LA CRÉATION DE BIJOUX EN CAPSULES DE CAFÉ. »

SAUVÉ PAR LE MAQUILLAGE ARTISTIQUE !

Le dessin, c'est bien, mais c'est loin de me donner les mêmes frissons qu'une séance de maquillage ! Vers 15 ans, la vie m'offre une nouvelle chance.
En surfant sur Internet, comme on dit à l'époque, je découvre la youtubeuse Mimi Choi, plus connue sous le pseudo Mimles. La claque ! Grâce à elle et à ses créations de maquillages qui tiennent du grandiose, un monde s'ouvre sous mes yeux. Je vais pouvoir me maquiller au grand jour ! C'est par le biais de l'art et du maquillage artistique que je vais enfin renouer avec ma passion. Quel soulagement ! Quelle joie ! Grâce aux comptes de **@mimles**, je viens de découvrir l'univers de l'œuvre d'art sur visage.
C'est sublime ! Un tableau vivant. Je trouve les créations de **@mimles** merveilleuses. Je suis littéralement sidéré par les effets visuels obtenus. L'illusion d'optique me fait chavirer…
Je passe des heures à regarder des vidéos de l'artiste sur YouTube, et celles d'autres maquillages artistiques… C'est tellement magnifique, je suis chamboulé. Je prends alors vraiment conscience que, au plus profond de moi, je ressens cet appel. Moi aussi, je veux tester ce type de maquillage. Enfin, je suis libéré du diktat « le maquillage, c'est pour les filles ». Avec cet art, tout devient possible ! Les frontières du genre éclatent. Ce sera ma porte d'entrée pour renouer avec ma passion. Je me sens complètement libéré, je vais pouvoir me jeter à l'eau, sans peur du jugement des autres et du qu'en-dira-t-on. Car ça n'a plus rien à voir avec le maquillage classique, dit « féminin », avec le combo glamour rouge à lèvres rouge et faux cils. Le maquillage artistique, c'est une discipline à part entière. Un travail de métamorphose. Un avant/après spectaculaire qui se rapproche des tableaux de peinture. Il va me tenir lieu de carapace, de noble prétexte pour agir à ma guise sans choquer. À l'abri derrière cette nouvelle façade, je décide donc de me lancer.
Une nouvelle aventure commence. Et ma vie ne sera plus jamais la même. Je revis en réalisant des maquillages artistiques et à effets spéciaux – monstres d'Halloween, personnages de film d'horreur… Cette discipline qui peut sembler ardue est assez ludique, pour moi. Il faut dire que mes cours de dessin et ma facilité à manier les pinceaux m'ont grandement aidé à réaliser mes premiers tableaux sur visage. Ensuite, je me suis laissé guider par des vidéos et des tutos pour apprendre à me maquiller.
Ado, j'ai tout appris comme ça, derrière les écrans.

17 ANS, L'ANNÉE DE MES COMING OUT

« On n'est pas sérieux quand on a 17 ans », clamait le poète Arthur Rimbaud. Eh bien, moi, à 17 ans, je traverse une crise existentielle très sérieuse. Je me pose un milliard de questions à la minute. Sur mon orientation sexuelle. Sur mon identité. Sur mon genre. Sur mes envies de changement. L'année de mes 17 ans est marquée par deux coming out. Je vous dévoile tout.

MON PREMIER COMING OUT

La scène de mon premier coming out reste gravée dans ma mémoire. À cette période, je n'ai rien anticipé du tout, mais je sais au fond de moi que, un jour ou l'autre, je vais devoir répondre à cette question très intime : est-ce que je suis gay ? Je n'ai jamais aimé l'idée de devoir faire un coming out. Pour moi, ce n'est ni nécessaire ni obligatoire. C'est une question tellement personnelle ! Faire son coming out, c'est un geste fort. Et c'est un moment extrêmement stressant, il ne faut pas l'oublier. Le stress est aussi énorme que de plonger du haut d'une falaise... sans connaître notre point de chute. Le coming out peut déclencher une libération ou entraîner une destruction. Une chose est sûre, il y a un avant et un après. Avant un coming out, on peut vivre dans un non-dit. Nous avec notre secret. Les autres avec leurs suppositions. Avec un coming out, on joue la transparence, on répond à la pression de la société afin d'entrer dans des cases. Après un coming out, on est accepté ou on est rejeté. En vérité, faire son coming out, c'est prendre un énorme risque.

« FAIRE SON COMING OUT, C'EST PRÉVENIR LES AUTRES DE NOTRE "DIFFÉRENCE", ÇA MET FORCÉMENT À L'ÉCART. »

SEUL FACE AUX DOUTES

Je suis seul avec mes doutes, mes interrogations. Et je ne sais pas vers qui me tourner. Personne dans ma famille ne me ressemble. Personne à la télé n'est vraiment comme moi. Il y a bien un prof de SVT… Tout le monde pense qu'il est gay. Mais sur lui aussi, les remarques fusent : « C'est sûr, il met des strings celui-là. » Ces manières « efféminées » sont pointées du doigt par mes camarades de classe. Je reste dans mon coin, tout seul avec mes questions.

UN LOURD SECRET

Dès l'âge de 11 ans, j'ai su que j'étais attiré par les garçons. En primaire, mon amoureuse s'appelle Coline. À la récré, on se tient par la main, on joue au papa et à la maman. Un jour, elle déménage et change d'école. Et moi je n'y pense plus vraiment. L'arrivée au collège change beaucoup de choses. On y parle beaucoup de tout et de rien, et surtout de sexualité. C'est aussi l'âge des premiers vrais flirts. Et moi, je ne suis pas du tout attiré par les filles, mais alors pas du tout. Les garçons ? Peut-être. En tout cas, aucun de mon collège. J'aime beaucoup l'acteur James Franco qui joue le rôle de Harry Osborn dans la trilogie Spider-Man de Sam Raimi. Mais c'est tout. En 6ᵉ, je ressens que je suis différent. Une différence qui ne fera que s'accentuer au fil des années de collège. Je ne parle évidemment à personne de ce ressenti et de ce secret que je garde enfoui en moi. Ce secret, je sens que si je le dévoile, ma vie va être bousculée. Comme pour le maquillage, je ressens cette opposition : je ne fais de mal à personne, et pourtant, être attiré par les garçons, c'est mal.

POLÉMIQUES

Élite, Heartstopper... Les nouvelles séries offrent une place de choix au monde LGBTQ+. Je m'en réjouis, moi qui ai totalement souffert de ce manque de représentation, de ce manque de modèle. Mais, ce qui me désole, c'est la réaction de rejet de certains sur les réseaux sociaux. « Encore une série que je ne vais pas pouvoir regarder », « Ils sont obligés d'en mettre partout. » Mais au secours ! C'est plutôt une preuve que la société casse un peu les codes. Je trouve sain que chacun, avec ses préférences et ses singularités, soit enfin représenté !

Bi ou gay ?

Pendant mon adolescence, je laisse filer les années, sans vraiment me positionner sur la question de l'orientation sexuelle. J'esquive systématiquement. De temps en temps, quand l'occasion se présente, je glisse à mes amis que je suis bi, histoire d'entrouvrir la porte sans vraiment y entrer. Pour tester leur réaction, surtout. Au fond de moi, je sais que je ne suis pas bi, mais gay. Mais c'est difficile de l'annoncer, notamment quand on n'a pas encore vraiment eu d'amourette avec un autre garçon. Mes amis, qui ne sont pas dupes, essaient alors de me pousser dans mes retranchements : « Allez, Fabian, tu peux nous dire la vérité, on sait que tu es gay ! » Je ne leur lâche rien, mais ces petites phrases taquines me permettent de relâcher la pression que je me mets seul. Je me rends compte que gay ou bi, au final, ça ne change rien pour eux. Cette acceptation – même si je ne leur dis rien, à l'époque – me rassure. Merci, mes amis !

Enfin prêt dans ma tête

L'année de mes 17 ans, j'ai un petit déclic. Je me dis que, en toute honnêteté, je suis enfin prêt à répondre à la fameuse question. Si on me la pose… Jusque-là, j'ai très mal vécu les dîners de famille avec les questions relous : « Alors, Fabian, t'as une petite copine ? Quand est-ce que tu nous la ramènes ? » Au secours ! Hyper pesant… J'ai chaque fois envie de disparaître sous la table, vu que j'ai plutôt en tête de présenter un garçon comme petit ami officiel ! Déjà, quand tu es hétéro, ces questions sont bien embarrassantes, alors quand tu es homosexuel non assumé, c'est pire. Les membres de ma famille s'attendent tellement à ce que je vienne avec une fille, comment vont-ils réagir si je leur amène un garçon ?
Dès mes 13 ou 14 ans, ce sont mes parents qui répondent à ma place au vieil oncle maladroit : « De toute façon, Fabian peut ramener un garçon ou une fille, perso, on s'en fout. » Ouais, ça me rassure, mais juste un peu. Je ne me vois pas non plus leur dire tout de go : « Ah ben ça tombe bien, papa, maman, j'ai un truc à vous dire ! » Je garde juste au fond de ma tête que, oui, je pourrai un jour partager mon intimité avec eux quand je serai vraiment prêt… Mais l'appréhension est toujours là. Bref, un soir de mes 17 ans, la fameuse scène a enfin lieu.

Dans ma chambre, avec ma mère. Nous discutons, comme souvent, nous papotons de choses et d'autres, de sa journée, de la mienne... Et elle me rapporte le contenu d'une discussion qu'elle a eue le matin même avec une de ses collègues. Sur le mur de son bureau sont épinglées des photos de mon frère et moi. Moi au naturel, et moi maquillé. Son amie lui lance : « Et ton fils Fabian, d'ailleurs, il est homosexuel ou pas ? » Non mais, what ? C'est quoi cette question ? Mais, en vrai, elle a réellement été posée. À part un sincère « je ne sais pas », ma mère ne peut pas d'ailleurs vraiment lui répondre. J'avoue, parfois, les gens sont d'une indiscrétion... Mais bon, c'est comme ça. Le soir venu, alors que nous sommes allongés sur mon lit, ma mère me raconte donc toute l'histoire. En vérité, elle me pose la question au parfait moment. Je suis enfin prêt à lui annoncer. J'ai envie de sauter le pas. À cet instant, je sais que je peux enfin répondre et assumer.

Le jeu de la devinette

Gonflé à bloc, je lui réponds sous forme de devinette : « Alors... à ton avis ? Je préfère les hommes ou les femmes ? » Toujours pleine de tact et de délicatesse, ma mère me lance : « Je ne sais pas, Fabian, je ne suis pas dans ta tête... » Eh bien, scoop : « J'aime les hommes, maman ! » Ma mère n'a l'air ni surprise ni choquée. Juste contente de savoir. Elle enchaîne les questions : « Tu veux le dire à la famille ? Le garder pour toi ? Le dire toi-même ? » Franchement, je n'en sais rien. Pour moi, ce n'est pas non plus une affaire d'État. Pas besoin d'envoyer un communiqué de presse ! Mon but n'est ni de le cacher ni de le crier sur les toits. C'est finalement ma mère qui l'annonce à mon frère, à mon père et à mes grands-parents. C'est plus simple comme ça.

Bisou du soir

Très longtemps, mon père m'a bordé pour me souhaiter bonne nuit. Ce fameux soir du coming out, il vient donc comme à son habitude – oui, je sais, j'ai 17 ans, et alors ? Il me pose un bisou sur le front, m'ébouriffe les cheveux et me confie un affectueux et très touchant : « Fabian, tu sais, on t'aime ! » Façon pour lui de me dire que ça y est, il sait, mais que ça ne change absolument rien à son affection pour moi.
Franchement, je pense que je ne pouvais pas rêver mieux comme coming out.
Aujourd'hui encore, quand j'entends les histoires de ceux qui se passent mal, j'en ai froid dans le dos. On me dit souvent que j'ai de la chance d'avoir des parents comme les miens. Mais leur réaction me semble tellement normale... Accepter fait partie de la normalité, c'est le rejet qui est anormal et terrifiant !
Pour moi, c'est tout simplement impensable de rejeter son enfant pour des questions d'orientations sexuelles. C'est comme pour mon premier tuto maquillage publié sur les réseaux sociaux, alors que j'étais au lycée. On m'a dit que j'avais eu de la chance de ne pas me faire harceler. Non, mais, sérieusement, c'est le monde à l'envers ! C'est le harcèlement qui n'est pas normal !

À la recherche de l'amour

Même si je ne le considérais pas comme nécessaire, ce coming out m'a libéré d'un certain poids. Comme si mes parents m'autorisaient à me mettre en couple. Enfin, je peux avoir une relation sérieuse et leur présenter mon homme. Ni une ni deux, je me mets sur les réseaux à la recherche de la perle rare. Seul hic, à l'époque, je me sens super mal dans ma peau, tiraillé par mes kilos en trop. Je ne m'aime pas... Difficile, dans ces conditions, d'attirer à soi les bonnes personnes. Je manque terriblement de confiance en moi. Dans le grand jeu de l'amour et de la séduction, vu mon état d'esprit du moment, j'attire donc... vraiment pas le meilleur, voire le pire.
Je m'embarque pendant plusieurs mois dans une relation à distance des plus toxiques. Et je dois faire un long travail sur moi, mon attitude, mes pensées... pour enfin lâcher le bad boy qui me fait tourner en bourrique et rencontrer l'homme de ma vie, Léo.
Mais c'est une autre histoire...

LES RÉACTIONS

Je me suis souvent demandé ce que je serais devenu si un de mes parents m'avait rejeté après mon coming out. On ne sait jamais comment notre famille va réagir. Même quand celle-ci est ouverte d'esprit. On peut avoir peur d'un « mais ». « Je ne suis pas homophobe, “mais”... je préfère que mon fils soit hétéro. » Ce genre de phrase fait beaucoup de mal.

Mes parents ont eu de très bonnes réactions dans l'ensemble. Ma maman a été très à l'écoute et aux petits soins pour moi. Parfois un peu trop, d'ailleurs ! Personne n'est parfait, même en voulant bien faire. Elle a tellement voulu me protéger, des attaques, des insultes, qu'elle m'a au final surprotégé. Elle se mettait devant moi, comme un bouclier, pour m'empêcher de recevoir des coups. Comme un bouclier entre moi et le monde extérieur, me privant ainsi d'une certaine forme d'apprentissage. C'est en tombant qu'un bébé apprend à marcher... Mon papa, lui, est resté très en retrait. Trop ? J'ai longtemps eu l'impression que cette prise de recul était de l'indifférence à mon égard. Mais non en fait. C'était sa façon à lui de me dire : « Tout est ok Fabian, tu fais ce que tu veux, c'est ta vie, et je serai toujours là pour toi. »

Il n'y a pas de mode d'emploi. Chacun réagit avec ses tripes, sa façon de penser, ses ressentis, ses peurs. J'imagine que ce n'est pas facile d'être parent. Mais si j'ai juste un conseil à leur donner, c'est d'éviter de dire des phrases comme : « C'est une passade. Tu vas changer d'avis. T'es jeune. Tu te poses trop de questions... » Quand quelqu'un fait un coming out, c'est du sérieux.

MON SECOND COMING OUT

Quelques mois après ce premier coming out, la vie continue, je me maquille et… il se passe quelque chose dans ma tête. Je me sens bizarre de tant aimer ce « truc de fille ».

À chaque genre sa passion ?

Certes, ma famille m'accepte comme je suis. C'est déjà un énorme pas. Mais dans ma tête, rien ne va plus. J'aime par-dessus tout me maquiller. Et si ma passion, le maquillage, devait au final décider de mon genre ?

C'est vrai, quoi. Les filles qui jouent au foot sont « forcément » lesbiennes. Alors, que penser des garçons qui se maquillent ? Sont-ils vraiment des mecs ? Rien n'est moins sûr.

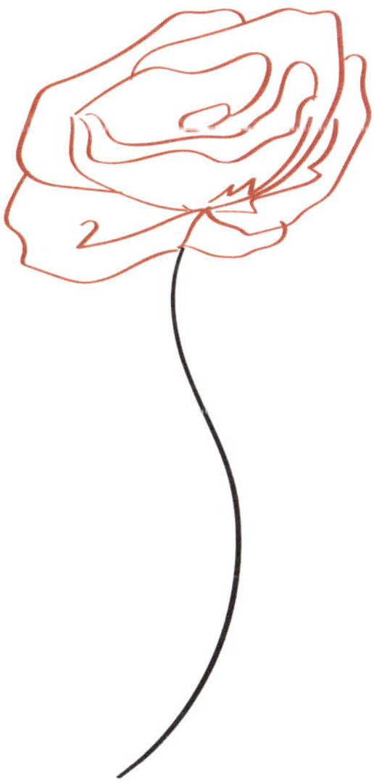

Des questions, encore des questions, et des signes

Je me pose tant de questions. Un milliard de questions ! De jour comme de nuit. Et si, finalement, j'étais né dans le mauvais corps ? Je traque toutes les infos sur les réseaux et sur Internet. Je suis des personnes transgenres, en transition. Je me renseigne aussi sur l'opération… Je ne suis apparemment pas le seul à m'interroger sur mon corps de naissance.
Et, encore une fois, j'en parle à ma mère. D'autant plus que je vois des signes partout. Un exemple ? Lors de ma journée « défense et citoyenneté ». On remet à chaque participant un papier avec son état civil : nom, prénom, sexe. Devinez ce que contient le mien ? « Fabian C. Sexe féminin. » La vie m'envoie un signe, j'en suis sûr ! Déjà que je me fais des nœuds dans le cerveau, cette erreur administrative est un peu la goutte d'eau qui fait déborder le vase.
Un autre exemple ? Au téléphone. Ça ne loupe jamais. J'ai toujours droit à : « Bonjour, madame », à cause de ma voix fluette qui n'a jamais vraiment mué. Mais alors, est-ce que, au fond de moi, je ne suis pas une femme ? Comme pour l'orientation sexuelle, je trouve cette question très personnelle… et trop compliquée. C'est quoi, une femme ? Il n'y a pas de définition bien claire, finalement, hors anatomie…
Et encore. Aujourd'hui, avec les questions d'identité soulevées par les femmes ou les hommes trans, les frontières sont floues. On peut être une femme née dans un corps d'homme. Ou l'inverse.

Alors... garçon ou fille ?

Est-ce qu'un garçon qui aime se maquiller est toujours un garçon ? Bonne question ! Il n'existe pas d'explication clé en main, ça serait bien trop simple. Ce que je sais ? Perso, j'aime les choses « normalement » attribuées aux filles : le maquillage, la création de bijoux, les cosmétiques. J'ai bien mis « normalement » entre guillemets parce que, pour moi, c'est totalement normal. Seul le regard des autres me pousse à me poser des questions sur mon identité. C'est tellement naturel, pour une fille, de se maquiller, et tellement contre-nature, pour un garçon. Comme 2 et 2 font 4, un pinceau et un rouge à lèvres font une femme. Ou, en tout cas, pas un homme. Pour moi, ce n'est pas ma mentalité. Je ne cherche pas une activité d'« homme » ou de « femme » mais une activité qui me plaît.

CHEVEUX LONGS OU COURTS ?

Quand j'ai 16 ans, la mode est aux cheveux longs pour les garçons. Mon voisin, et meilleur ami d'enfance, en parle à sa mère. Devant moi, elle lui répond : « Mais enfin, les cheveux longs, c'est pour les filles ! Et toi, tu n'es pas une fille ! » Moi, qui suis en pleine réflexion sur mon genre, cette réponse me laisse sans voix. Je me dis que le monde ne tourne pas rond. Ou que je ne marche pas dans le bon sens... C'est à peu près à la même période que je décide de me teindre les cheveux en blond-gris clair. Je vais rendre visite à ma mère sur son lieu de travail avec ma nouvelle couleur. Un de ses collègues m'accueille ainsi devant ma mère : « C'est quoi cette coupe ? C'est une coupe pour les pédés ! C'est la coupe de M. Pokora et M. Pokora il est pédé. » Waouh ! Tant de conneries dans une même phrase, cette personne fait fort ! Avec ma mère, nous sommes restés sans voix, comme sidérés.

Vers une transition ?

Tous les jours, je me maquille ; tous les jours, on me force à penser : « Fabian, va vraiment falloir faire une transition. » J'en suis désormais persuadé. Mon salut passe par là. Je partage mes doutes et mes interrogations avec ma mère. Comme toujours, elle est là, à mes côtés. Mais je suis tellement confus, dans ma tête, que je préfère lui envoyer un long message dans lequel je lui balance tout : mes doutes, les signes, les questions, mon mal-être...
Le lendemain matin, ma mère vient me parler. Elle n'a pas répondu au SMS. Peut-être a-t-elle eu besoin de réfléchir aussi ? Une chose est sûre, après une nuit de repos, elle a pris sa décision. « Fabian, quoi que tu décides, je t'accompagnerai dans tes choix. Mais ne deviens pas femme pour les mauvaises raisons. À mon avis, on ne devient pas une femme parce qu'on aime le maquillage. L'essentiel est ailleurs. Est-ce que tu te sens femme à l'intérieur de toi ? Pose-toi les bonnes questions, fouille au plus profond de toi et tu auras ta réponse. »
Cette phrase est claire... et en même temps, elle rend ma réflexion encore plus confuse. Je peux changer de sexe si je le souhaite, mais est-ce que je le veux vraiment ? Dans ce long chemin de questionnements et de doutes, je me nourris des contenus libérateurs de la communauté LGBTQ+, des transgenres, des non-binaires, des drag-queens. Tout est bon pour me faire ma propre opinion, pour prendre une décision. Curieusement, le traitement complexe que suivent les personnes transgenres ne me fait pas peur. Mais ce n'est pas ce qui va faire pencher la balance.

MA DÉCISION

Quand j'envisage de faire mon coming out trans, ma mère m'aide beaucoup. Comme toujours, elle m'épaule et m'accompagne dans mon cheminement et ma réflexion, sans jugement et, surtout, sans chercher à m'influencer. Elle veut que je prenne la juste décision pour moi. Pour m'aiguiller dans mon choix, nous discutons beaucoup de ce qui se fait ou pas, notamment en matière de maquillage. Pour elle, aimer se maquiller ne justifie pas mon envie de changer de sexe. Elle veut que je sonde mon moi profond, ce que je sens dans ma tête, dans mon corps. Plutôt fille ou plutôt garçon ? Est-ce que je me sens homme, ou est-ce que je pense que je suis une femme née homme ? Dire que je suis un homme me dérange-t-il ? Pour elle, ma réflexion doit tourner autour de ces interrogations essentielles.
Qui a décidé, au fond, que le maquillage serait réservé aux femmes ? C'est une norme sociétale. Le maquillage, aujourd'hui encore, c'est genré. Tout comme les jupes, c'est pour les filles... sauf en Écosse avec les kilts. C'est une décision arbitraire. Pour elle, même homme, je suis légitime dans mon envie de me maquiller, même si la société crie tout le contraire. Plus j'avance dans ma réflexion, mieux je me sens dans ma peau d'homme, et plus j'aime le maquillage... Finalement, ce n'est pas normal de se poser autant de questions pour une simple passion. Si j'avais fait du foot, comme tous les garçons de mon âge, peut-être que ma vie aurait été plus simple. Ou pas. Tout ce cheminement dure environ six mois. Je retourne le problème dans tous les sens, jusqu'à ce que je tombe un jour sur une story de la maquilleuse **@dolly_page**. Un follower lui demande comment elle fait pour ne pas avoir peur de rater une séance de maquillage. Je suis super intéressé par sa réponse. Et elle a une phrase qui agit comme un détonateur en moi.
À l'époque, toujours aussi stressé, je la suis pour avoir des astuces pour maquiller les autres. J'adore me maquiller, mais j'ai toujours une grosse appréhension à l'idée de m'occuper des autres. Peur de rater, de mal faire, que ça ne plaise pas... Bref, elle a cette phrase rassurante : « Si vous êtes stressé·e de rater votre

MON POINT DE VUE

Je n'ai jamais parlé de cette période de doutes sur les réseaux sociaux. Aujourd'hui, avec le recul, je pourrais prendre la parole sur le sujet et ouvrir le débat sur mon futur podcast. Une chose est sûre, je reprendrai à mon compte les propos de ma mère. Il faut se poser les bonnes questions. Aucune catégorie ne définit notre identité. Être mal dans son corps, c'est à la fois mental et physique. Être né dans le mauvais corps est une véritable souffrance, pas un caprice ni une lubie.

maquillage, rappelez-vous que le maquillage, ce n'est que de la poudre qui s'en va. » Cette phrase simple et remplie de bon sens fait sauter toutes mes peurs et mes appréhensions. Elle devient mon mantra.
En reprenant son conseil à ma sauce, je gagne le recul nécessaire pour remettre à sa juste place le maquillage, et tout s'éclaire naturellement. Oui, le maquillage est central dans ma vie. Non, aimer le maquillage n'est pas une raison suffisante pour changer de sexe. Et ce serait même donner raison aux injonctions sociales et les renforcer, de le faire, dans mon cas.

« LE MAQUILLAGE, CE N'EST QUE DE LA POUDRE, ON S'EN FOUT, ON LA GARDE, ON ENLÈVE, IL N'Y A RIEN DE BIEN IMPORTANT LÀ-DEDANS... »

MES CONSEILS

Je le dis et je le redis, le coming out n'est pas obligatoire ! Vous le faites si vous en avez envie. Vous ne devez rien à personne, et vous n'avez aucun devoir de prévenir qui que ce soit. C'est votre vie. Et votre orientation sexuelle, c'est du domaine du privé. J'insiste là-dessus. Alors, avec le recul, maintenant que j'ai gagné en assurance et en maturité, au vieil oncle qui insistait en demandant : « Alors, Fabian, quand est-ce que tu nous présentes ta copine ! », j'aurais dû répondre : « Alors, ça ne te regarde pas » (version cash) ou : « Ce genre de questions me gêne, changeons de sujet » (version timide). Et, surtout, fin de discussion ! Non mais.

MA FAMILLE

Ma famille, ma vie... Je suis heureux d'être tombé dans une famille comme la mienne. Chacun à sa façon a su m'épauler et m'aider à avancer dans mon cheminement intérieur.

MA MÈRE, MON MODÈLE ABSOLU

Maman, c'est le cliché de la mère poule. La maman câlin, la maman gâteau, la maman bisou. Elle m'a donné un max d'amour. Et puis... elle est si belle ! Je cherche souvent à lui ressembler quand je me transforme en Mathilda. Elle sait m'écouter. Elle m'a toujours laissé parler sans me juger. Elle me comprend, elle trouve toujours les mots justes pour me faire avancer dans mon cheminement et ma réflexion. Pour moi... et aussi pour les autres, Maman fait toujours en sorte que le monde soit plus beau qu'il ne l'est en vérité.

MELVIN,
MON FRÈRE

J'ai grandi à ses côtés et, pour moi, Melvin c'est... le héros de mon enfance. Il avait 5 ans et demi quand je suis né. J'ai les idées, il les met en place. Je suis dans la lumière, il reste dans l'ombre. Je suis manuel, il est intellectuel. Nous avons toujours été complémentaires. C'est quelqu'un de très malin : pour moi, c'est le plus intelligent de la famille. FabianCosmetics® a pu voir le jour grâce à lui, qui a œuvré dans les coulisses pour mettre en place le site, trouver les fournisseurs de matières premières. J'ai eu l'idée, mais c'est grâce à lui que FabianCosmetics® a vu le jour.

MON PÈRE, MON SOUTIEN DANS LES COULISSES

Nous arrivons à la fin de ce chapitre, et j'ai très peu parlé de mon père. Pourtant, il m'a permis de devenir la personne que je suis aujourd'hui. Il a toujours été là, dans les coulisses. À me regarder me poser des questions, avancer, reculer, tomber, me relever. Il a toujours été là… au cas où. Mais il n'a jamais été intrusif, il ne m'a jamais pointé du doigt. Sa réaction, ou plutôt sa non-réaction, pendant toute ma période de questionnement, peut sembler surprenante. Mais, en fait, je pense qu'il a bien fait. Il m'a laissé faire mes propres choix et j'ai toujours su qu'il serait là, que je décide de prendre le chemin A ou le chemin B. Il était en retrait, et il m'a permis de prendre moi-même du recul sur la situation. Sa réaction saine, « fais ce qu'il te semble bon de faire en ton âme et conscience », m'a permis de m'accepter pleinement avec toutes mes singularités.

ÇA... ÇA M'ÉNERVE !

Je ne suis pas du genre à pousser des coups de gueule sur les réseaux, je suis bien trop introverti pour ça. Cependant, il y a plusieurs choses qui m'énervent vraiment. Je vais en partager deux avec vous.

LE COMPLIMENT GENRÉ OU LE FAUX COMPLIMENT

Je ne compte plus le nombre de fois où j'ai reçu ce genre de messages : « Tu te maquilles bien, pour un garçon ! », « Tu te maquilles mieux que moi, alors que je suis une fille. » Je sais que ça part d'un bon sentiment, mais la fin de la phrase gâche tout ! Je trouve finalement ce commentaire très péjoratif pour les deux sexes ! Car, au final, rien n'oblige la fille à se maquiller, et cette affirmation peut laisser croire que le garçon est censé mal se maquiller. C'est le genre de phrase qui prouve que le maquillage sur les hommes n'est pas encore accepté, ni normal. C'est comme dire : « Tu conduis bien, pour une fille ! » Le maquillage ou la conduite n'ont rien à voir avec le sexe d'une personne... Autre commentaire horrible que je reçois : « T'es le seul homosexuel que j'aime bien. Toi, au moins, tu ne fais pas trop de manières. » Comment dire ? Sérieux ? Comment est-ce possible de penser et d'écrire cela ?

SANS GÊNE

Ce n'est pas tout. Avez-vous remarqué comme les frontières de l'intimité s'estompent quand on est face à un couple non-hétéro ? Un exemple : « Toi, tu fais l'homme ou la femme ? » Au secours. Je crois que les gens doivent apprendre à contrôler leurs paroles et se dire que, s'il ne leur viendrait pas à l'idée de poser la question à un couple hétéro, c'est que la question ne doit pas être posée ! Sur les réseaux aussi, les gens se permettent des réflexions du style : « Je n'ai pas encore de meilleur ami gay. Trop la loose. Les gays sont les seuls à vraiment comprendre les femmes. » Mais oui, bien sûr... N'importe quoi !

LE CONSEIL DÉBILE

Je ne cache pas à ma communauté que je ne sors jamais maquillé. Par crainte du regard des autres, des insultes homophobes, par peur du rejet. Évidemment, je vous le donne en mille, certains, aussi bien sur les réseaux que dans la vraie vie, n'hésitent donc pas à me lancer des phrases-jugements : « C'est pas si compliqué de marcher dans la rue maquillé, quand on est un garçon… » Ben, voyons. Pour moi, c'est un conseil aussi bête que : « Tu veux maigrir ? Ben, arrête de manger ! » Ou alors : « Fumer tue, c'est pas bien de fumer ! » Oui, merci bien pour votre aide !

MON REGARD SUR LES HOMOPHOBES

Assumer son homosexualité et se maquiller quand on est un garçon, c'est prendre un double risque de se faire insulter sur les réseaux. Mais ma première expérience d'homophobie remonte à... l'école primaire ! À l'époque, je ne sais même pas que l'homosexualité existe. Et cette mauvaise expérience m'a marqué à vie ! Devinez quoi ? Ce ne sont pas mes camarades qui s'en sont pris à moi, mais un instituteur. Laissez-moi vous raconter.

LA PIRE EXPÉRIENCE DE MA VIE

J'avais 8 ans, j'étais en CE2. À l'époque, je me souviens, quand j'y pense, j'étais très maniéré. Je parlais comme un sudiste, avec l'accent du soleil, je roulais les *r*, j'oubliais d'appuyer sur les sons « o » dans « jaune », « rose »... Et puis, surtout, je marchais comme une fille. Enfin, ça, c'est mon instituteur qui l'a dit. Devant toute la classe, il m'a demandé de me lever, de marcher, de faire des allers-retours jusqu'à ce que je marche comme un garçon. Garçon, fille... À l'époque, j'étais si petit, j'avais à peine 7 ou 8 ans, je ne voyais pas bien comment on pouvait marcher comme une fille ou comme un garçon ! Toute l'année scolaire, j'ai été la bête noire de l'instit'. Combien de fois il m'a aussi balancé : « Fabian, bon sang, tu parles comme une fille ! Reprends-toi ! » J'ai vécu une année scolaire terrible, faite de brimades et d'humiliations. Heureusement pour moi, mes camarades de classe étaient tous neutres et ne se sont jamais moqués de moi !
Je pense que ma grande timidité vient de cette expérience traumatisante vécue gamin.
Et vous, quelle est la pire expérience de votre vie, celle que vous n'oublierez jamais ?

CE QUE J'EN PENSE

On a banalisé les petites piques, les petits harcèlements du quotidien, tous les jugements blessants, les phrases assassines. Les gens qui portent un jugement moral… Tout cela s'est généralisé. Même à l'école. Et c'est dramatique. Toutes ces phrases de haine font beaucoup de mal, surtout quand on se cherche, quand on se pose des questions d'identité, de genre, de souhait de vie ou d'envie, tout simplement. Ces phrases remplies de venin peuvent déstabiliser, perturber une vie, surtout quand on est soi-même fragile, ou quand on traverse des moments de doute. L'enfant puis l'ado se construisent avec ces petites phrases malveillantes souvent prononcées par des adultes. Par exemple : « La famille, c'est vraiment un homme et une femme. » Ou alors, bien pire : « Les gays, ça ne me dérange pas. » Pour moi, cette phrase, c'est encore une façon de nous pointer du doigt !
Certaines personnes peuvent penser : « Bon, ça va, ce n'est rien. Ce sont juste des phrases en l'air… » Mais non, ce n'est pas rien. La preuve : vingt ans après, je pense encore à cet instituteur du CE2… À l'époque, je ne comprends évidemment pas ce qui se passe. Je sais que son attitude envers moi n'est pas réglementaire – et pas plaisante du tout –, mais je laisse faire.
Je n'en parle d'ailleurs pas à mes parents… qui ont découvert cette terrible histoire via les réseaux sociaux, de nombreuses années plus tard.
J'aurais aimé que ce maître d'école prenne conscience de l'impact de ses paroles violentes sur moi, sur ma construction.
J'aurais aimé que ce maître d'école, au vu de sa fonction, accepte les différences, et ne porte pas de jugement.
J'aurais aimé que ce maître d'école comprenne qu'il n'y a pas une façon de parler pour les garçons, une autre pour les filles. Ni une façon de marcher pour les filles, et une autre pour les garçons.
J'aurais aimé que ce maître d'école n'essaye pas de faire entrer tout le monde dans un moule. Les moules, c'est pour faire des tartes.
Malheureusement, aujourd'hui encore, la société n'a pas tellement évolué sur ce sujet. Quand j'ai commencé à poster sur les réseaux, certains homophobes s'en sont donné à cœur joie.

LES MESSAGES D'INSULTES

Je peux donner l'impression de vivre une vie de rêve, faite de paillettes et d'unboxing. Mais moi aussi, comme de très nombreux influenceurs, j'ai reçu des messages zéro tolérance, des messages de haine, surtout à mes débuts et encore aujourd'hui ! Du plus soft (et très sectaire) : « Mais pourquoi est-ce qu'un garçon se maquille ? », au plus dramatique : « Vous devriez aller en enfer ! » Mais le pire du pire a été : « Si mon fils devient comme vous, je lui mets une balle dans la tête. » J'avoue, je suis resté scotché devant tant de haine et de méchanceté, surtout provenant encore une fois de personnes majeures et sensées. Ces insultes, ces agressions verbales laissent des traces, notamment quand elles sont proférées par des adultes qui, en principe, devraient avoir conscience de la portée et de la puissance de leurs mots. Je reste sans voix devant tant de bêtises. Sur les réseaux, les gens se permettent des choses qu'ils ne feraient jamais dans la vraie vie, comme ce commentaire sous l'une de mes vidéos YouTube : « J'espère que tu vas crever d'une mort atroce. » Heureusement pour moi, je n'ai pas souffert à proprement parler de cyberharcèlement. Les messages laissés n'étaient ni anonymes ni continuels, juste violents, et c'est déjà bien assez.

COMMENT JE RÉAGIS FACE À EUX

Ma réaction ? Au début, je ne peux pas m'empêcher de répondre du tac au tac. Mais très vite, je m'aperçois que cela ne sert strictement à rien d'essayer de dialoguer avec des haters. Je ne suis pas sur les réseaux sociaux pour éduquer des bêtes, des personnes sans cervelle. J'avoue, ces insultes ont surtout impacté mes proches, notamment ma mère, qui en a beaucoup souffert. Par conséquent, j'ai très vite décidé de cocher certaines options avec des mots-clés pour filtrer les commentaires – éviter ceux avec « pédé », « sale gay », « va en enfer », etc. –, pour ne plus les voir apparaître sur mon fil. Les réseaux permettent de prendre une certaine distance avec les commentaires haineux. Heureusement, aujourd'hui, j'ai la chance d'être protégé par mon énorme communauté. Clairement, si quelqu'un poste un message d'insultes, malgré mes garde-fous, il se fait directement incendier par mes followers.

FABIAN CRFX,

exister (enfin)

J'aime bien le mot « paradoxe ». Il me ressemble assez. Sur les réseaux sociaux, j'ose être, je suis comme libéré de certaines chaînes. J'ai l'air tellement à l'aise… Ça me fait sourire, quand je revois d'anciens posts. Dans la vraie vie, je suis plutôt ultra-timide, toujours sur la réserve, j'ai même horreur qu'on me remarque ! On peut dire que Fabian CRFX a permis à Fabian de Saint-Just de se déployer pleinement !

DANS CETTE PARTIE, NOUS ABORDERONS ENSEMBLE…

… le côté lumière des réseaux sociaux

… l'évolution de mes posts et mes différents réseaux sociaux

… ma relation au maquillage et mes petits secrets de pro

… le côté sombre des réseaux sociaux

… et bien sûr ma communauté, que j'aime tant et qui me permet d'être qui je suis !

DATES CLÉS

Fin 2018 : je me lance dans l'influence.

Mai 2019 : mon compte @fabiancrfx explose, quelques mois seulement après son lancement.

Juin 2019 : je signe avec ma première agence de représentation.

Été 2020 : j'intègre mon agence actuelle, Follow.

MA NOUVELLE IDENTITÉ

NOM DE CODE : CRFX

CRFX correspond aux initiales de mon nom de famille, Cayuela-Ruiz, accolées à une abréviation des termes anglais ***special effects***. L'idée de ce pseudo m'est venue parce que, lors de mes débuts dans l'univers de l'influence, je revendiquais surtout le côté masculin du maquillage... Et donc notamment le maquillage d'effets spéciaux.

DE L'OMBRE À LA LUMIÈRE

Je suis resté tellement caché jusqu'à mes 17 ans que, après mes coming out, je n'ai qu'une envie : me montrer tel que je suis. J'ai envie d'exister, de dire à tout le monde : vous avez vu, je suis là, j'existe, je me maquille. C'est clairement ce que je fais en m'affichant sur les réseaux. Je n'ai plus peur de la réaction des autres. Je suis prêt.

MES PREMIERS POSTS

DES MAQUILLAGES « EFFETS SPÉCIAUX »

Mes tout premiers posts sur Instagram datent de 2016. Je publie alors des photos de moi maquillé façon Halloween, ou des créations directement inspirées de films de zombies : c'est par le maquillage d'effets spéciaux que je me lance ! Histoire de dire : « Regardez, je me maquille mais je reste dans les clous, je ne mets pas de faux cils ! » Pas bête, hein ? Puisque c'est le plus « masculin » de tous les maquillages... En remontant mon fil Instagram, on me voit la gorge tranchée et, la photo suivante, avec un magnifique maquillage de squelette.

LA LIBERTÉ DANS UNE CAGE

Je me sens libre d'affirmer qui je suis. Et en même temps, je m'enferme tout seul. Je contourne l'interdit du maquillage en m'autorisant à être Fabian CRFX, le pro des effets spéciaux. Mais je ne suis pas encore prêt à faire vraiment ce que je veux : du maquillage artistique, du beau maquillage.

1971

octobre 2016

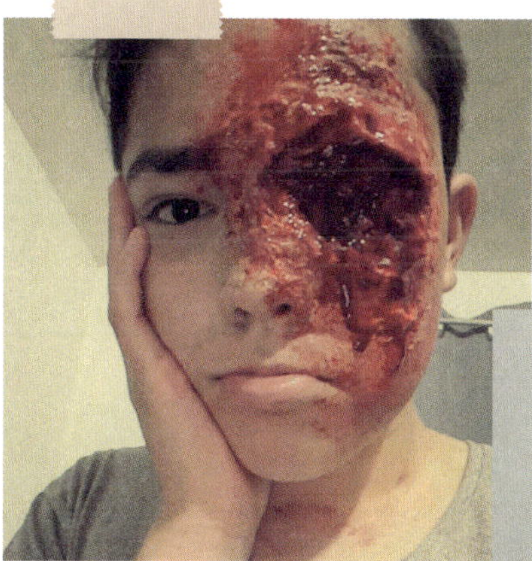

Novembre 2016

Décembre 2016

Ce maquillage est, disons… très bien réussi pour mon âge ! J'enchaîne plusieurs squelettes, fin 2016. Une fois, je perds un œil, j'ai de nouveau la gorge tranchée ou la bouche fraîchement entaillée, et parfois je me transforme en Mystique bleu. Petit à petit, j'ajoute ma touche et je fais un peu plus de maquillages artistiques : « homme léopard » en janvier 2017 ou « regard galaxie » (voir photo page 73)… Je commence à m'amuser et à me lancer dans la création d'illusions d'optique avec la photo « Kiss » – deux personnes qui s'embrassent sur mon visage. C'est mignon. Mais ce qui m'attire vraiment, c'est le maquillage glam, très « beauté ». Je vais devoir patienter encore un peu avant d'oser franchir le pas. Pour l'instant, et pendant au moins un an, je me limite aux effets spéciaux et aux maquillages artistiques.

DES MAQUILLAGES HYPER GLAM

En 2018, je poste enfin des photos de moi maquillé façon très glam, tout en continuant mes effets spéciaux. Grâce à eux, j'ai maintenant une petite renommée... Mais j'apporte un côté « beauté » à de plus en plus de maquillages. C'est ce qui me plaît vraiment ! J'enchaîne les cat eyes comme un pro. Il faut dire que j'ai de bons réflexes et d'excellents automatismes. Code couleur, associations des teintes mais aussi proportions et perspective : mon apprentissage en peinture m'aide beaucoup pour réaliser mes maquillages. Mais je me lance encore timidement, et j'ai besoin d'avoir l'aval de ma petite communauté, à l'époque. Je finis presque tout le temps mes posts par une question : « Vous le trouvez beau, mon maquillage ? »
Ou : « Quel est votre avis sur ce nouveau maquillage ? »
Je cherche des commentaires positifs, à me sentir soutenu. Peu à peu, je prends confiance, et je mets de plus en plus de petites touches de « maquillage féminin » dans mes travaux.
En retour, je reçois de nombreux messages qui me félicitent du résultat. Je sens une certaine fascination par rapport à mes créations. Il faut dire que, à l'époque, les maquillages artistiques et les maquillages glam de garçon, eh bien... il n'y en a pas beaucoup !
Et, aujourd'hui encore, je suis un des rares qui assument cette double casquette.

LA CONSÉCRATION

Le doute m'habite tout le temps. Mais, énorme coup de chance, quand je me lance en tant qu'influenceur, Richard (@richaard2609) m'ouvre la voie royale des réseaux. C'est alors un des rares garçons qui s'y maquillent. Évidemment, je le suis, et de près ! Un jour, le 21 octobre 2018, cet influenceur reconnu et précurseur dans son domaine a sélectionné et commenté quelques maquillages de sa communauté… dont un à moi. Le stress de fou ! Et devinez quoi ? En quelques phrases, Richard me donne des ailes ! Il a carrément adoré mon maquillage. Cerise sur le gâteau, il dit : « Même moi, je ne pourrais pas reproduire ce maquillage. » Waouh ! C'est une vraie consécration pour moi.

Voici le nom de sa chaîne YouTube : @Richaard.

Richard valide mon maquillage, je peux continuer ! J'ai tellement besoin d'une validation extérieure, et là, elle vient de Richard en plus ! Je prends un sacré shoot d'assurance grâce à lui. À mes débuts, j'ai vraiment besoin d'un avis objectif d'une personne connue pour me sentir légitime. Et Richard m'a donné le feu vert. Aujourd'hui, moi-même influenceur reconnu, il m'arrive de lancer des posts où j'invite ma communauté à me proposer ses maquillages – « Je juge vos maquillages ». C'est aussi une façon pour moi de rendre ce que l'on m'a donné et d'aider de nouveaux influenceurs à avoir confiance en eux et, pourquoi pas, à percer.

AUJOURD'HUI, MES DIFFÉRENTS RÉSEAUX SOCIAUX

Si j'ai débuté sur Instagram, aujourd'hui, je suis sur plusieurs réseaux, et ils sont tous très différents.

TIKTOK

De tous mes réseaux actuels, c'est de loin le plus important pour moi. Je m'amuse beaucoup et, clairement, c'est sur celui-ci que je poste le plus. C'est du format très, très court, 100 % sans filtre. Je suis à l'aise, sur TikTok, j'y dévoile ma vraie personnalité, je me filme « nature peinture », et j'aime bien faire des blagounettes à mes stars, ma communauté. Pour moi, TikTok, c'est simple et naturel, sans prise de tête. J'adore le côté hyper peps de ce réseau. J'y partage beaucoup d'astuces make-up, par exemple comment faire son trait de liner.

Sur TikTok, je donne aussi mon avis en live sur de nombreux produits : « C'est bien, c'est moins bien… » Quand je teste un soin pas terrible, je ne mens pas à ma communauté, mais en même temps, je reste très, très bienveillant. Ce n'est pas du tout mon genre de mal parler d'une marque ou d'un produit. Par exemple, je peux dire que le produit X ne me convient pas car j'ai tel type de peau. Mais j'affirme vraiment rarement que tel produit est trop nul. J'ai moi-même récemment créé une marque, je sais quelle énergie il faut pour sortir des produits/soins/innovations ! Et je sais aussi que les commentaires blessants ne font pas toujours avancer. Je préfère donc rester le plus objectif possible et ne pas tomber dans la facilité – c'est « top », c'est « archinul ». En revanche, je suis particulièrement vigilant sur les prix des produits. Je vais être plus sévère sur les attentes d'un mascara à 50 € que sur celles d'un mascara premier prix. Le premier n'a pas intérêt à couler au bout d'une heure ! Si c'est le cas, je ne me gênerai pas pour dire que je le trouve hors de prix pour un résultat très décevant. Idem entre un fond de teint luxe et un petit prix.

MES TUTOS

Sur TikTok, je donne de nombreuses astuces pour réaliser des gestes de maquillage glamour qui peuvent sembler compliqués. En voici quelques-uns, décortiqués pas à pas.

Mon tuto liner (244,1 K ♥)

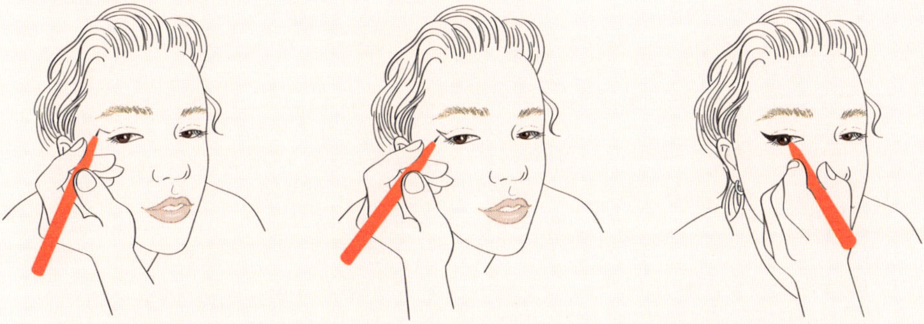

Je vous vois trop souvent sortir avec des traits de liner genre… oh, mon Dieu, ce n'est vraiment pas possible ! Donc, voici comment faire pas à pas.

Il te faut : un liner.

L'erreur fatale : commencer à tracer le trait à la pointe de l'œil. Surtout pas !

Le secret qui change tout : il faut d'abord suivre le pli naturel de la paupière, donc commencer le trait un peu plus haut !

Les bons gestes :
❶ Dessiner un premier trait ascendant (et droit !) en partant du pli naturel de la paupière.
❷ Ensuite, dessiner un second trait pour rejoindre le premier, en partant, cette fois, du coin de l'œil.
❸ Il ne reste plus qu'à remplir, toujours avec le liner, entre les deux traits, sans dépasser. Et voilà !
❹ Après, surligner le ras des cils, du haut et du bas, pour plus d'intensité.

Mon tuto lèvres pulpeuses (59 K ❤)

Les lèvres sublimées, qui brillent un peu, beaucoup, à la folie, c'est clairement un minimum syndical pour moi.

Il te faut : un crayon à lèvres nude qui s'accorde parfaitement à la couleur des lèvres + un gloss transparent.

Les bons gestes :
❶ Sur la lèvre du haut, redessiner la partie supérieure du contour en dépassant légèrement afin d'accentuer l'effet volume.
❷ Sous la lèvre du bas, intensifier l'arrondi naturel en ourlant au crayon le centre de la lèvre seulement – il ne faut pas aller jusqu'aux extrémités.
❸ Enfin, déposer le gloss, en haut et en bas, sans dépasser. Facile !

Mon tuto sourcils (35,7 K ❤)

Les sourcils carrés, ce n'est plus possible ! Bon, faut vraiment que je vous dise que les sourcils smileys (ceux qui donnent un air ahuri) c'est *no way* !

Il te faut : un crayon spécial sourcils (de la teinte de tes sourcils) avec un goupillon et un fixateur à sourcils.

Les bons gestes :
❶ Brosser les sourcils vers le haut pour retirer les petites poussières et l'excédent de fond de teint, de poudre...
❷ Trouver la tête du sourcil en positionnant le crayon sur l'axe narine-coin interne de l'œil.
❸ Trouver l'arc du sourcil en positionnant le crayon sur l'axe narine-pupille – en regardant droit dans le miroir.
❹ Trouver la fin du sourcil en positionnant le crayon sur l'axe narine-coin externe de l'œil.
❺ Avec le crayon, structurer et intensifier le sourcil naturel en dessinant, par toutes petites hachures, de nouveaux poils, en suivant le dessin de la tête/l'arc/la fin du sourcil.
❻ Passer un coup de fixateur. Et voilà, nickel !

Mon tuto make-up/ no make-up discret

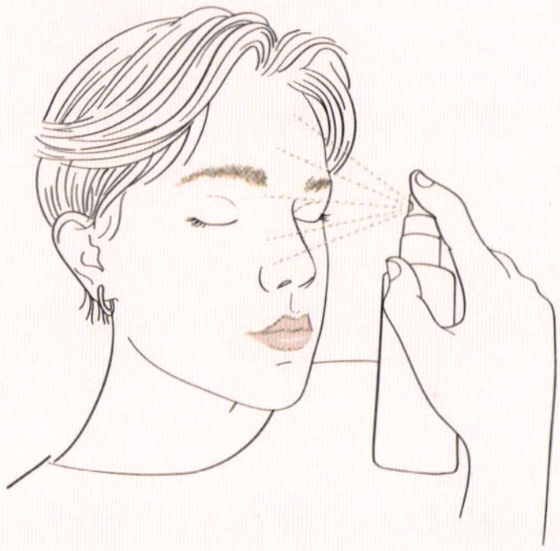

C'est ma façon à moi de sortir maquillé, sans prendre le risque de me faire agresser. La carte de la discrétion et de la classe.

Il te faut : un fixateur maquillage + deux correcteurs selon ton teint + des pinceaux pour teint + un blush crème + poudre + un peu de bronzer.

Les bons gestes :

❶ Appliquer un peu de fixateur sur un visage parfaitement propre.
❷ Utiliser le premier correcteur pour camoufler les petites imperfections de la peau. Bien unifier le résultat avec le gros pinceau.
❸ Appliquer le deuxième correcteur en anticernes. Toujours bien unifier le résultat au pinceau pour un aspect naturel.
❹ Déposer un peu de blush crème sur le haut des pommettes. Le pinceau va aider à fondre le résultat pour un effet bonne mine.
❺ Un peu de poudre pour fixer et on peut ajouter, toujours au pinceau, une touche de bronzer.
❻ Bien sûr, on soigne à mort ses sourcils. Un petit coup de fixateur par-dessus, et voilà !

MES SECRETS DE MAQUILLAGE

J'ai appris à me maquiller en regardant des tutos YouTube... Aujourd'hui, je maîtrise parfaitement toutes les techniques de maquillage. Je partage mes astuces sur les réseaux et je me lance aussi régulièrement des challenges maquillage pour sortir de ma zone de confort. Voici quelques-uns de mes petits secrets de maquillage.

Le teint... quelle histoire !

Aujourd'hui, je maîtrise le teint en mode easy baby. Mais j'ai mis pas mal de temps à trouver la bonne façon de faire... La pire erreur que nous faisons ? Ne pas choisir la bonne teinte de fond de teint, ni la bonne texture. On va droit à la cata ! Quand j'ai commencé à me maquiller, faute de budget, je suis moi aussi tombé dans ce piège. Aujourd'hui, je sais qu'il est important de prendre en compte les sous-tons du fond de teint (rose, neutre et jaune) pour ne pas se tromper. Pour savoir quel sous-ton te correspond, essaye le fond de teint sur les veines du poignet... tu verras tout de suite les tons qui plombent ou qui illuminent la peau !
La colorimétrie est essentielle, en maquillage. Mais il n'y a pas de règles universelles, il faut trouver la teinte de rouge qui donne du peps – contrairement à ce qu'on dit, le rouge-rouge ne va pas à tout le monde. Certaines couleurs vont parfaitement fonctionner avec votre carnation, la couleur de vos cheveux, votre tenue... D'autres, au contraire, ne vont pas du tout matcher ! C'est exactement comme sur les applis de rencontres : on ne peut pas plaire à tout le monde, et tant mieux !

Les sourcils, ma marque de fabrique

Pour moi, c'est juste impensable de sortir sans des sourcils au minimum peignés, au mieux structurés et maquillés. Dès mon adolescence, j'ai commencé à m'en occuper. Prendre soin de ses sourcils permet d'ouvrir le regard et structure le visage. Ça change tout ! C'est mon petit secret.

ASTUCES

J'use et j'abuse des correcteurs anticernes aux diverses couleurs pour camoufler les rougeurs, faire disparaître un bouton ou chasser les cernes après une nuit trop courte.
Certes, je ne sors jamais maquillé comme j'apparais sur les réseaux sociaux. Mais je ne sors jamais peau nue non plus ! Au minimum un peu de BB cream pour mon teint, et surtout une touche de blush rose naturel pour son effet bonne mine immédiat. Mat, sans paillettes, sans reflet, c'est bien, la teinte universelle qui va à tout le monde !

ASTUCES

On choisit un crayon à lèvres de la couleur de ses lèvres, pour l'effet léger, ou alors une teinte plus proche de son rouge à lèvres.

Jamais sans mon crayon !

Le crayon, comme en dessin, empêche de dépasser ! Et donne un fini plus harmonieux. Au début, c'est un peu difficile, mais après, c'est indispensable... Le secret pour bien y arriver ? Avoir une mine bien affutée !

Le démaquillage, le secret belle peau

Je ne dors jamais sans m'être démaquillé ! Il arrive que je me démaquille plusieurs fois par jour. Je ne garde jamais très longtemps un maquillage, quelques heures tout au plus. Alors, des démaquillants, j'en ai testé ! Mes préférés ? Les baumes à la texture beurre. C'est le démaquillage agréable et surtout super-rapide, j'adore !

INSTAGRAM

C'est clairement le réseau du beau. Je poste donc plus de belles photos d'ambiance, de mon intérieur, de mon chat, de mes résultats de maquillages. En story, je me montre plus au naturel, je dévoile les backstages de mes créations. Instagram, c'est une autre façon de partager son univers. Les vidéos esthétiques marchent plutôt bien.
Ce ne sont pas vraiment des tutos. Je ne parle pas, je montre le résultat make-up et quelques étapes clés sans entrer dans les détails. C'est rapide, sans bla-bla, et la communauté peut interagir et commenter. Les vidéos en réel dévoilent plus le step by step. Les photos en stories se rapprochent plus de l'esprit TikTok. La communauté aime voir mon chez-moi, la pièce dans laquelle je travaille. C'est un moyen de partager un moment plus intime et de me suivre tout au long de la journée. À chaque story, j'ajoute une musique différente, ça donne un peu plus de cachet aux posts.

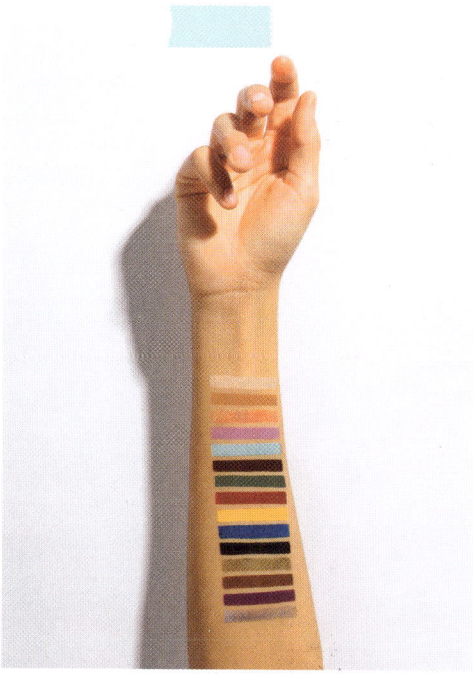

Mon explosion sur Instagram

Dès le mois de mai 2019, je commence à poster des maquillages artistiques sur Instagram. À l'époque, surtout en France, il y en a peu. En quelques mois, je rencontre le succès de manière fulgurante. Voici quelques-unes de mes premières créations, qui m'ont permis de me faire connaître.

Août 2019, je me lance un défi. J'ai une peur bleue des serpents. En m'inspirant du compte **@abbyroberts**, j'ose ! Et le résultat me donne des ailes. Je sens que je tiens vraiment quelque chose. Le maquillage d'effets spéciaux est ma porte d'entrée dans l'univers du maquillage !

M'inspirant toujours de **@abbyroberts**, je pars faire un petit tour dans les étoiles et les galaxies. Bientôt, je ne toucherai plus terre.

Un petit mois plus tard, j'ai le trait plus affirmé, et un je-ne-sais-quoi dans mon attitude a changé. Certains diront que j'ai l'air plus sûr de moi. C'est juste que j'ai enfin trouvé ma voie, et la manière de l'emprunter. Mon salut passera par le maquillage artistique ! Et, petit à petit, j'y mets une touche de maquillage « réservé aux femmes ».

35 260 ♥, 8 août 2019

43 225 ♥,
6 septembre 2019

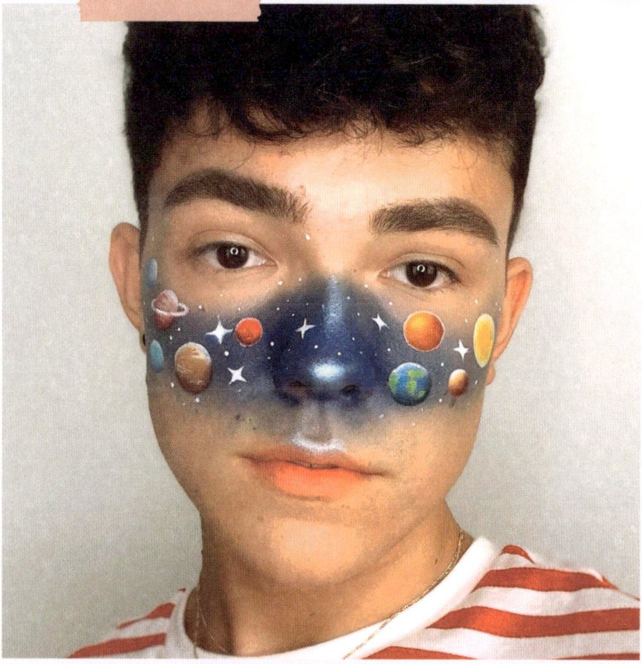

57 895 ♥,
24 septembre 2019

YOUTUBE

Poster des vidéos sur YouTube, c'est beaucoup de travail, de temps et d'énergie. En amont, il y a la préparation. Sur le moment, l'enregistrement du tuto. Après, le montage. C'est un réseau qui permet à la fois de partager une tonne de connaissances, mais aussi de se livrer plus intimement. Quand on regarde une vidéo de dix minutes d'un influenceur, forcément, on en apprend beaucoup sur lui, sa façon de penser, de parler, de voir le monde. YouTube, c'est le réseau qui permet de s'attacher aux influenceurs. Les gens restent d'ailleurs en moyenne 12 minutes devant une vidéo. C'est un peu la nouvelle télé ! Voilà, pour moi, c'est le réseau de l'attachement ! On regarde les gens qu'on aime, sinon on zappe. Je ne fais pas trop de vlog (contraction de « vidéo » et de « blog »), mais je livre sur YouTube à la fois une grosse partie de mes tutos et des pans de ma vie privée. Par exemple, c'est ce réseau que j'ai choisi pour parler de ma première sortie dans la rue, maquillé. Oui, oui, je l'ai fait !

MA TOUTE PREMIÈRE

C'était il n'y a pas si longtemps. J'étais grave angoissé, avec la boule au ventre. Finalement, tout s'est très bien passé, j'ai eu des regards plutôt bienveillants, au pire étonnés de voir un garçon maquillé, mais aucun rejet. J'ai célébré l'événement avec une coupe de mon thé glacé préféré, le Green Tea Arizona ! Depuis cette grande première, je suis de nouveau ressorti maquillé. Les gens de la génération précédente, ceux qui ont autour de 50 ans, me regardent toujours du coin de l'œil. Mais aucune insulte. Ouf ! Quand je prends un taxi maquillé, je sens l'embarras du chauffeur. Monsieur ? Madame ? Finalement, les chauffeurs optent beaucoup pour Madame. Ça me va, cela part d'un bon sentiment. Et la politesse, c'est important.

LE MAQUILLAGE ET MOI

Le maquillage, c'est toute ma vie. Je ne passe pas une journée sans me maquiller, juste un peu ou pendant des heures...

LIBERTÉ CHÉRIE

Pour moi, le maquillage représente la liberté absolue. D'ailleurs, j'ai toujours plein d'idées dans la tête ! Je ne suis pas hyperactif, mais mon cerveau ne s'arrête jamais de tourner. Me maquiller me permet de me canaliser. C'est un vrai moment de détente, pour moi. Même quand je reste six heures sur une création, je ne vois vraiment pas le temps passer !
Mais ce n'est pas tout. Le maquillage me permet de m'échapper de de la réalité. Je suis dans ma bulle, tranquille, seul face à mon miroir et à ma caméra. Plus rien ni personne n'existe. Je mets la musique que j'aime, et hop... c'est parti. Du bonheur en barre !

MIROIR, BEAU MIROIR

Je passe des heures et des heures à me maquiller, et ce moment me déstresse complètement... comme d'autres la cuisine ! Par exemple, pour un maquillage spécial Halloween ou « effets spéciaux », je peux rester entre quatre et six heures devant le miroir. Plusieurs heures pour me préparer, et cinq minutes pour tout effacer ! Je passe deux à trois heures sur un maquillage glamour pour Mathilda, par exemple. Mon record absolu ? Plus de six heures pour le maquillage effets spéciaux Vecna !

Derrière l'écran, je suis un autre...

...et à la fois le même, au fond ! Peut-être une version 3.0 de moi-même ! J'adore me transformer, et le maquillage agit comme un masque de protection entre moi et le reste du monde. Je suis moi, toujours le même, mais un autre. Fabian devient Fabian CRFX des réseaux sociaux. Pour l'instant, je ne m'imagine pas monter sur scène, mais j'arrive à me mettre en scène. Ma grande timidité, mon manque de confiance... tout ça est balayé quand je deviens Fabian CRFX. Je suis d'un naturel très réservé, je n'aime pas me faire remarquer, dans la vie. Fabian CRFX m'autorise à être quelqu'un d'autre.

« FABIAN DEVIENT FABIAN CRFX DES RÉSEAUX SOCIAUX. POUR L'INSTANT, JE NE M'IMAGINE PAS MONTER SUR SCÈNE, MAIS J'ARRIVE À ME METTRE EN SCÈNE. »

Derrière l'écran, j'ai confiance en moi

Souvent, en MP, on me demande comment je fais pour avoir autant confiance en moi. Je réponds toujours la vérité, qui peut surprendre : j'ai zéro confiance en moi. Mais je m'éclate tellement en me maquillant que j'oublie tout. Je reste concentré sur le résultat que je veux obtenir, la création que je suis en train de réaliser. La preuve que je n'ai pas confiance en moi ? Je ne sors jamais maquillé dans la rue. Enfin, je l'ai fait une seule fois, et quelle histoire ce fut ! J'en ai encore la chair de poule (voir « Ma toute première sortie » page 75). C'est donc clair, je ne vais jamais chercher le pain maquillé. Je crains trop le regard de la boulangère ! Le seul écart que je m'autorise, c'est quand je suis invité à des events avec d'autres influenceurs. Là, je peux y aller maquillé. Mais, en attendant le taxi, je ne sors pas dans la rue, je reste caché à l'abri des regards, dans l'entrée de mon immeuble !

Amour

S'ACCEPTER SANS FILTRE !

Quand j'étais ado, je n'avais pas de modèle gay. J'ai dû grandir seul, sans repère. Aujourd'hui, avec l'explosion des réseaux sociaux, chacun peut trouver ses modèles à suivre. C'est une super avancée. En revanche, il ne faut pas oublier que, sur les réseaux sociaux, les influenceurs sont là pour vendre du rêve aussi. Le revers de la médaille ? Les followers peuvent se sentir dévalorisés, penser avoir une vie peu intéressante, se trouver moches ou mal dans leur peau, etc. Stop ! Déjà, quand vous avez le cafard, n'oubliez pas les filtres et la machine à rêves, ça va vous permettre de relativiser. Ensuite, suivez des personnes qui vous ressemblent et qui partagent avec authenticité leur quotidien, avec les coups de blues, par exemple, ou encore qui osent filmer l'intérieur de leur appart en bazar !

LA MUSIQUE, MA MUSE

Je suis capable de créer un maquillage complet en écoutant une seule chanson. Je suis plus branché années 1980 : Vanessa Paradis, France Gall. J'aime aussi des artistes d'autres époques, comme Brigitte Bardot… « Divine idylle », « Piensa en mi », ces chansons de variété me procurent beaucoup d'émotions. Je les écoute et elles me transportent ailleurs, dans une véranda en pleine nature, par exemple. La musique m'inspire. En écoutant une de ces mélodies, je peux créer un maquillage de toutes pièces. Le titre de Vanessa Paradis « Dès que j'te vois » m'évoque un maquillage 100 % séduction. Celui de « Mi amor » me renvoie à un maquillage plus peps. Je peux aussi partir sur un maquillage triste et graphique, plus froid, en écoutant « Je te laisserai des mots » de Patrick Watson. Je suis capable de mettre un tube en boucle pendant deux heures, le temps de réaliser mon maquillage. On peut entendre mes mélodies préférées en toile de fond dans mes réels. Ensuite, quand je poste des stories, je mets des musiques actuelles pour les habiller. Mon conseil : on a tous des playlists pour nos soirées, pourquoi ne pas créer une playlist « inspiration » ?

MON TÉLÉPHONE, MA PROTECTION !

L'écran me permet toutes les libertés... ou presque. En tout cas, je me sens à la fois libre et protégé.

J'ose car...

... j'ai l'impression d'être seul, quand je commence à me maquiller, j'oublie tout ! Je m'invente une situation : je suis sur scène comme un artiste, mais sans public dans la salle. Je suis d'un naturel très solitaire, je pourrais très bien vivre dans une maison en bois au fond d'une forêt. Seul face à la caméra, je ne vois aucun regard me scruter, me juger. Je suis face à moi-même. J'ai l'impression que le téléphone me protège, et je me lâche. Le smartphone représente aussi une barrière invisible entre la vraie vie et les réseaux sociaux. Pour l'instant, je ne m'imagine pas du tout faire sur une scène ou même dans la rue le quart du dixième de ce que je poste. Pourtant, je n'oublie pas que les réseaux ne sont pas la vraie vie. Je garde les pieds sur terre, du moins j'essaye de marcher sur la pointe des pieds sur ce fil invisible de la notoriété sans perdre le nord. De toute façon, ma mère et ma grand-mère scrutent mes stories. Elles m'envoient des émoticônes de cœur, des petits messages d'amour. Elles sentent tout de suite si je ne suis pas au top de ma forme, malgré tous les filtres, ou si j'ai mauvaise mine malgré le maquillage !

L'HEURE DU CHOIX

Très vite après le bac se pose la question de l'orientation. Je n'ai pas hésité longtemps avant de me décider !

ÉCOLE DE MAQUILLAGE OU PAS ?

À un moment, après l'obtention de mon bac pro, je me suis demandé si je ne devais pas me spécialiser en maquillage. Et, pourquoi pas, suivre une école pour devenir make-up artist ?
Mais l'école n'était pas donnée.
Je pense sincèrement que je connaissais déjà toutes les techniques de maquillage, je n'aurais pas appris grand-chose de plus.
Je n'ai jamais eu envie de maquiller d'autres visages que le mien. Par conséquent, l'idée de rejoindre cette école a vite tourné court !
C'est valable pour moi, bien entendu ce n'est pas une règle pour tout le monde.
À cette époque, je n'en ai pas ressenti le besoin, mais je ne doute pas une seconde qu'une école de maquillage puisse être un tremplin formidable pour apprendre à maquiller ou carrément devenir un make-up artist reconnu !

POURQUOI INFLUENCEUR ET PAS MAQUILLEUR ?

Je commence à me maquiller discrètement au lycée. Ma première prouesse ? Mes sourcils faussement naturels. Je me maquille ensuite un peu plus pour les grandes occasions en famille, comme les fêtes de fin d'année. Ce n'est qu'en classe de terminale que je passe à la vitesse supérieure, côté maquillage et réseaux. Je commence d'ailleurs à exposer mes looks sur Instagram... sans me soucier du qu'en-dira-t-on. C'est à cette époque, en suivant moi-même les influenceurs sur Instagram, que je sens une opportunité magnifique pour moi. Je comprends en effet très vite ce qu'est ce métier, et tout ce que cela implique. Pour moi qui veux absolument évoluer dans le monde du maquillage, c'est juste parfait ! D'autant plus que je n'aime pas particulièrement maquiller les autres. En vérité, je n'aime pas du tout maquiller les autres. De temps en temps, j'offre à ma mère un maquillage « beauté », mais c'est tout ! Je pense que c'est mon manque de confiance en moi qui me bloque beaucoup. Je suis très exigeant envers moi-même, je peux retirer et recommencer plusieurs fois un maquillage si je ne suis pas satisfait du résultat. Mais sur les autres... D'abord, je ne suis pas très à l'aise avec l'idée de papouiller le visage des autres. Ensuite, j'aurais trop peur que le résultat ne soit pas à la hauteur de leurs espérances.

MES CONSEILS POUR DEVENIR INFLUENCEUR

Ça fait maintenant plusieurs années que je peux vivre de mon métier d'influenceur. Souvent, on me demande des conseils pour se lancer dans ce monde. Voici ce que je peux partager avec vous.

TROUVER SA SINGULARITÉ

Au début des réseaux sociaux, les influenceurs ne montraient que le côté paillettes de leur vie ultra-filtrée. Tout était beau. Tout était trop beau. Tout était faux... ou presque. Aujourd'hui, pour percer dans le milieu des réseaux sociaux, il faut trouver sa singularité – ce qui fait notre différence, notre signature, notre force – et la partager avec sa communauté. L'authenticité permet de trouver la communauté qui nous correspond vraiment. Être authentique, c'est aussi offrir du contenu vrai, avec des hauts, des bas, du beau et du moins beau. Ça permet aussi d'assumer et de partager ses émotions. L'erreur à ne pas commettre : se créer un personnage qui ne correspond pas à qui on est dans la réalité pour « plaire » au plus grand nombre. Ça ne fonctionne pas, et ça ne vous empêchera pas de recevoir une tonne de critiques, voire des injures. Alors autant recevoir des remarques pour qui vous êtes vraiment...

APPRENDRE À S'ORGANISER

Être influenceur, c'est aussi être tout seul pour se gérer, au début, quand on n'a pas d'agent, par exemple. Le plus important ? Trouver sa vitesse de croisière, son rythme, sa façon de travailler. C'est un métier sans horaires qui offre beaucoup de liberté. Il faut donc être capable de s'autogérer : se réveiller, préparer les contenus, trouver les idées, honorer ses rendez-vous, démarcher des partenariats... L'erreur à ne pas commettre : se fixer des objectifs trop lointains, comme arriver à une communauté de 200 K en six mois. Non, il faut y aller doucement et se donner des objectifs pour la semaine (publier trois vidéos) ou la journée (réveil avant 9 heures, vérifier ses mails et commencer les vidéos TikTok). Au final, la régularité va payer.

INVESTIR AVANT D'ATTENDRE UN RETOUR SUR INVESTISSEMENT

Au départ, comme quand on monte une boîte, il faut investir. Avoir un bon téléphone, se fournir en éclairage... N'hésite pas à profiter des fêtes de Noël ou de tes anniversaires pour demander un coup de pouce à tes proches. Certaines personnes doivent aussi exercer un métier alimentaire. Ce n'est pas un frein pour réussir à percer en tant qu'influenceur, mais cela signifie qu'il va falloir optimiser son temps libre pour développer son activité sur les réseaux, travailler le soir et les week-ends avant de pouvoir lâcher la première activité, celle qui paye le loyer. Car, quand on décide de devenir influenceur, on l'est du matin au soir, du soir au matin, du lundi au dimanche... L'erreur à ne pas commettre : se reposer sur ses lauriers, ne pas évoluer dans son contenu... Ce métier est magnifique, mais il est aussi éphémère. Du jour au lendemain, un autre influenceur peut prendre ta place dans le cœur des followers. Il faut toujours être sur le qui-vive et progresser.

MA COMMUNAUTÉ, LOVE, LOVE, LOVE

C'est peu dire que je kiffe ma communauté. Je l'appelle « mes stars », d'ailleurs. C'est grâce à elle que j'ai pu assumer mes envies de me maquiller en plein jour. Au quotidien, ma communauté me suit et me soutient.

UNE COMMUNAUTÉ QUI PRÔNE LA LIBERTÉ D'ÊTRE

Depuis que j'ai commencé dans l'influence, je sens que ma communauté évolue – dans le bon sens ! Je vois toute l'énergie de cette nouvelle génération de 18-24 ans, de très jeunes gens, hommes ou femmes, gays ou hétéros, non-binaires ou transgenres, qui essaient de faire bouger les lignes. Leur credo ? La liberté d'être qui ils sont. Je suis gay et je me maquille ? C'est OK. Ma communauté soutient cette liberté. Mais ça peut aussi être « je suis né dans un corps de garçon et je suis une fille ». C'est OK aussi. Ou encore « je suis une femme et j'ai le droit de sortir, sans risque, en minijupe ». Ma communauté prône la liberté et la tolérance. Chacun peut mener la vie qu'il souhaite, et surtout être tranquille dans sa vie.

MA SEULE PRIDE

Évidemment, je soutiens la Pride et toutes les actions menées par la communauté LGBTQ+ pour permettre la libération de la pensée et l'acceptation des différences, ou supposées telles, par la société. C'est très difficile pour moi de me rendre à la Pride. Je suis agoraphobe, super angoissé par la foule et extrêmement timide en vrai. Je sais que ma communauté – que je ne manquerai pas de croiser en Pride – est très bienveillante, mais émotionnellement, cet événement est très dur à gérer pour moi. Mais j'espère pouvoir y retourner un jour comme l'année de mon arrivée à Paris.

ÊTRE GAY, ET ALORS ?

Ma communauté me demande souvent en MP ou lors de mes lives comment j'ai fait pour assumer mon homosexualité. Je réponds avec plaisir car si je peux un peu aider tant mieux ! Je réponds toujours la même chose : certes, aujourd'hui je l'assume entièrement, j'en suis même fier, mais pendant une longue période de ma vie, je n'ai clairement pas assumé. Je m'en doutais, mais j'étais tellement effrayé par le regard des autres (le vrai, celui de la rue), le jugement des gens que j'aime, que je me suis longtemps menti à moi-même. Aujourd'hui, je sais qu'il vaut mieux être rejeté pour ce que l'on est qu'être aimé pour ce que l'on n'est pas. C'est comme ça, en affrontant ses peurs, qu'on rencontre des gens qui nous aiment pour ce que nous sommes vraiment. Mais chacun doit avancer sur son chemin de vie à son rythme. Je partage ici mon expérience, je ne cherche pas à donner des leçons.

MES INTERACTIONS AVEC MA COMMUNAUTÉ DANS LA RUE

Chaque fois que je croise quelqu'un qui me reconnaît, je sens beaucoup de bienveillance et de soutien dans son regard. Ma communauté est à la fois super respectueuse, gentille et pas du tout intrusive. Une bonne énergie s'en dégage, aussi bien dans les échanges sur les réseaux que dans la vie.

Je croise deux typologies de followers. Une personne timide qui prend son courage à deux mains pour me demander un selfie. Une personne plus avenante qui veut discuter ou simplement m'encourager à continuer.

DES VALEURS COMMUNES

Avec ma communauté, nous partageons un grand nombre de valeurs : le rejet de l'injustice sous toutes ses formes, la condamnation de l'homophobie et la défense de la liberté et de la tolérance. En 2023, cela fait dix ans que le mariage pour tous est possible. Dix ans… c'est hier. On a encore beaucoup de chemin à parcourir ensemble pour que les droits de chacun soit respectés. Sans oublier qu'à Paris et dans les grandes villes c'est toujours plus facile que dans les villes reculées où les couples non-hétéros sont vite montrés du doigt !

FABIAN À PARIS,

capitale de la créativité

Je commence l'influence à Saint-Just. Je fais alors beaucoup d'allers-retours entre mon village et Paris, pour assister à des événements. Il y a toute une organisation à mettre en place, car je ne suis pas vraiment autonome : sans permis, il faut m'amener à la gare de Montpellier, venir me chercher... Alors, suite à ma rencontre avec Léo – patience, je vais tout vous raconter –, je décide de sauter le pas et de m'installer à Paris.

En plus de mon métier principal d'influenceur, j'ai entrepris depuis peu un nouveau projet d'envergure. J'ai lancé ma propre marque de maquillage, FabianCosmetics®, avec mon frère, Melvin ! Un vrai défi, parfait pour moi qui adore créer...

DANS CETTE PARTIE, NOUS ABORDERONS ENSEMBLE...

... ma vie à deux avec Léo

... mon quotidien d'influenceur

... la présentation de FabianCosmetics® : l'idée de départ, ce qui fait sa singularité

... mon esprit créatif : mes sources d'inspiration et mon âme d'artiste

DATES CLÉS

2019-2021 : travail en coulisses sur la marque.

6 décembre 2021 : lancement de FabianCosmetics®.

Février 2022 : arrivée à Paris, je m'installe avec Léo (mon premier amour).

Novembre 2022 : adoption de Taïko, notre chat, un Maine Coon.

LA VIE À DEUX AVEC LÉO

NOTRE RENCONTRE

J'ai rencontré Léo via les réseaux… mais de manière assez originale. Sans permis, je suis coincé à Saint-Just, mais j'ai déjà envie de devenir un influenceur important. Un peu compliqué. Moi qui suis tellement casanier, un jour, je décide de sortir de ma zone de confort… et j'ai bien fait ! (Un conseil au passage, mes stars : la zone de confort, c'est bien d'en sortir de temps en temps !)
Donc, en mai 2019, mon ancienne agence me propose de passer quelques jours entre influenceurs vers Antibes. Une sorte de colonie de vacances d'ultra-connectés, quand j'y pense !
Je suis mort de trouille. Mais je décide d'y aller. C'est toujours comme ça, avec moi. Quand le jeu en vaut la chandelle, j'y vais et j'ose. Alors, comme un grand, je prends le bus, tout seul, direction Antibes. Cinq heures de route, quand même ! Et je me retrouve dans une villa avec plein d'influenceurs pendant une semaine. Je dois me faire violence pour vaincre ma timidité. Nous sommes le 3 mai, c'est le jour de l'anniversaire de ma mère, et je rencontre Léo. C'est un signe, non ?
Léo, qui fait déjà des TikTok, à l'époque, est l'ami d'un influenceur de l'agence. Il passe en coup de vent, le temps d'un week-end. On ne se calcule pas trop, sur place : « Bonjour, bonsoir. » Mais je sens qu'il se passe quelque chose.
En vrai… surtout de mon côté. Nous nous suivons tout de suite sur Instagram. Il commente une de mes stories, et nous commençons à discuter. Je ne lui cache pas mon homosexualité. Léo me jure par tous les dieux qu'il ne mange pas de ce pain-là. Ouais. Je n'y crois pas trop.
En tout cas, je sais que, un jour, je le ferai craquer. Sur les réseaux. Il devient très vite mon confident… Je sors alors d'une histoire d'amour malheureuse avec un bad boy. Nous finissons par nous appeler tous les soirs. Mais nous ne pouvons pas nous voir : Léo habite à Strasbourg, et moi, toujours à Saint-Just. Les appels deviennent de plus en plus intimes, et la situation de plus en plus ambiguë. Je le drague ouvertement ! Mais où est donc passé le Fabian ultra-timide ? Disparu…
Pourtant, comme, concrètement, il ne se passe rien, je sors avec un autre garçon, aussi issu des réseaux, dont je ne suis pas

amoureux… Mon cœur est déjà pris. Je me lance dans cette histoire sans lendemain et, très vite, je préfère mettre un terme à la relation, même si je suis très embêté – il a quitté sa petite copine pour moi… À croire que je suis un bourreau des cœurs ! Et c'est évidemment quand j'annonce ma rupture à Léo qu'il m'avoue ses sentiments pour moi. Je suis vraiment trop heureux ! Je ne peux pas m'empêcher de lui lancer : « Il était temps, parce que moi, je t'attendais, Monsieur Je-ne-mange-pas-de-ce-pain-là ! »

NOS DIFFÉRENCES

Avec Léo, on est très différents. Il aime beaucoup sortir, par exemple. Alors que moi, je suis un vrai ours dans ma tanière. Je sors quand je suis vraiment tenu de le faire. J'adore rester à la maison, je m'y sens en sécurité. Dehors, pour moi, c'est un peu la jungle. Je ne profite pas de Paris, sauf quand je me rends dans des événements pour les influenceurs. Comme vous le savez, j'ai un peu de mal avec la foule, les gens, le bruit. Quand je vais à des events, je suis accompagné soit par mon agent, soit par Léo, soit par les deux, mais je n'y vais presque jamais seul. Je suis quelqu'un de très, très stressé. J'aime évoluer dans ma bulle. J'ai beaucoup de mal à faire des choses si simples pour certains, comme prendre le métro… C'est pour ça que, la plupart de temps, je reste tranquille à la maison. J'ai une âme de solitaire. Alors, avec Léo, nous nous complétons. Il m'oblige à me bouger et moi, je freine ses ardeurs !

NOTRE CHAT, NOTRE BÉBÉ

Dès notre installation commune, nous avons voulu prendre un animal. Nous sommes plus team chien. Mais bon, un chien à Paris, dans un appart…. bof, bof. D'autant plus qu'il faut le sortir au moins quatre fois par jour. Trop compliqué. J'ai déjà un chat, chez mes parents. Alors… pourquoi pas ? Et nous sommes tombés sur une annonce, sur les réseaux sociaux, pour cette adorable boule de poils nommée Taïko. Voilà comment notre petit poilu est entré dans nos vies en novembre 2022.

LÉO : « CE QUI ME PLAÎT CHEZ FABIAN »

« Pour moi, Fabian a la légèreté d'une fée. Il est doux, délicat, bienveillant, attentif aux désirs des autres… C'est une personne très drôle, très créative : il a une idée à la seconde. Fabian est discret, mais son absence se remarque… tout comme son entrée dans une pièce, il est tellement solaire ! »

FABIAN : « CE QUI ME PLAÎT CHEZ LÉO »

« C'est la personne la plus impliquée et présente dans ses relations amicales ou amoureuses. Il peut passer des heures avec sa meilleure amie pour l'épauler dans une situation délicate ou l'aider à trouver une solution. Au quotidien, Léo me booste, c'est mon moteur : joyeux, sociable, plein d'énergie positive… Il est comme un guide qui m'aide à progresser et à avancer dans la vie. Il sait me réconforter quand ça ne va pas, mais aussi me bouger et m'obliger à sortir de ma zone de confort. C'est une boule d'énergie qui a toujours besoin de faire quelque chose, il ne tient pas en place, et c'est pour ça que je l'aime tant. »

LA JALOUSIE DANS NOTRE COUPLE

Aujourd'hui, j'en parle librement : au début de notre relation, j'étais jaloux comme un pou. Sans doute à cause d'un grand manque de confiance en moi et du souvenir encore proche du fiasco de ma dernière relation... Quand je m'installe avec Léo, j'ai une peur bleue qu'il me lâche. Du coup, je ne lui fais pas confiance... et je fouille même – une fois seulement ! – dans ses messages. Je sais, c'est naze. Mais je le lui avoue tout de suite. Et vous savez ce qu'on dit : faute avouée, à moitié pardonnée. En plus, j'ai lu le message de travers... C'est bien moi, ça ! Il y avait écrit : « Tu ne trouves pas qu'il est beau comme un dieu ? » – ça parlait d'un ami commun. Et moi, j'ai cru que le message s'adressait à Léo : « Tu es beau comme un dieu. »

Le lendemain, avant d'avouer mon méfait, je n'arrête pas de lui lancer des petites piques : « Tu ne trouves pas que je suis beau comme un dieu ? » Léo ne comprend pas ce que je fabrique, et encore moins mes allusions...

Un jour, j'ai le déclic qui nous a sauvés. J'arrête d'être jaloux. Comme ça, direct. Je dis même à Léo : « Tu veux sortir voir des potes ? Pas de problème. » Il n'en revient pas ! Mais, entre nous, heureusement que j'ai fait un pas de côté, parce que je pense que la jalousie est un vrai poison, dans le couple. Alors, comment j'ai fait ?

J'ai réfléchi et je me suis dit deux choses :

- j'ai déjà beaucoup de mal à gérer mes émotions au jour le jour, si en plus je m'énerve pour pas grand-chose, comme quand Léo reçoit un texto d'une de ses connaissances, ça va être très compliqué pour moi ;
- j'aime tellement Léo, je veux tellement son bonheur que si, un jour – ce que je ne souhaite pas, évidemment –, il rencontre quelqu'un d'autre qui le rend plus heureux que moi, eh bien, j'accepterai. Je pleurerai, mais j'accepterai.

Le fait de changer ma façon de penser m'a libéré de mes peurs. Nous avons aussi beaucoup parlé, avec Léo, de nos points de vue, de nos ressentis. Dans un couple, la discussion, c'est essentiel.

tabobine

MES CONSEILS SUR LA VIE DE COUPLE

Avec Léo, on vit ensemble, on bosse dans le même secteur, et, comme pour tous les couples, on a nous aussi dû trouver notre équilibre dans notre appartement !

Quand on bosse ensemble

CHACUN SON TOUR

Avec le recul, je me rends compte que parfois je mobilisais la pièce dans laquelle nous tournions tous les deux des vidéos sans prendre en compte les besoins de Léo. Aujourd'hui, nous avons déménagé et instauré de nouvelles règles. Chaque soir, on voit qui a besoin de commencer à tourner (en fonction de nos impératifs). L'idée de se faire un « planning », même informel, laisse de l'espace à l'autre dans le respect.

CLAP DE FIN

Comme on passe nos journées ensemble, il est important de « couper », et d'arrêter de parler de boulot. Autant lors du déjeuner, on discute taf, autant le soir, c'est terminé, on ne parle plus de notre travail. Ça permet de donner une certaine respiration en cas de galère. Je n'hésite pas à demander l'avis de Léo ou à lui demander ce qu'il pense de telle ou telle idée. Et, quand je vois qu'il patauge sur un plan par exemple, avant d'intervenir et de donner mon opinion, je lui demande toujours s'il a besoin d'aide.

LA PAUSE S'IMPOSE

On bosse tous les deux de chez nous. Plusieurs fois par jour, on sort prendre l'air dans notre quartier, histoire de se remettre les idées en place. À faire en solo ou à deux !

Quand on est un peu (... beaucoup) jaloux

PLUS ON PREND SOIN DE SOI, PLUS ON PREND SOIN DE SON COUPLE

Je m'explique. Quand j'étais jaloux, je ne pensais qu'à ça : « Et il est où ? Avec qui ? Et si jamais il me trompe ? » Bref, vous imaginez bien à quel point je me bouffais la vie. Non seulement j'étouffais Léo, mais en plus, je ne faisais rien pour moi. Impossible de travailler dans ces conditions, impossible d'avoir des idées, impossible d'avoir envie de me maquiller... Bref, la cata. Or, la vie m'a montré qu'on est chacun responsable de son propre bonheur, on ne peut pas attendre de l'autre qu'il nous rende heureux. C'est pour ça que, si tu te recentres sur toi, sur tes désirs, tes envies et tes besoins, ton équilibre intérieur se reflète dans ton couple.

MA TECHNIQUE POUR PRENDRE DU RECUL

On dit toujours que prendre du recul permet de voir la situation d'une autre façon, de se rendre compte de ce qui dysfonctionne, de ce qu'on doit changer. Moi, je ferme les yeux et j'imagine une pièce qui représente la situation que je traverse. Est-elle rangée ? Y a-t-il du bazar ? Ça me permet de réfléchir, de voir comment je dois faire pour apporter de l'harmonie dans mon intérieur – et donc dans mon couple. Et surtout, il ne faut jamais oublier que l'amour est censé te faire grandir, t'apporter des moments de bonheur, t'aider à progresser sur ton chemin de vie. Quand la relation devient conflictuelle, blessante, dévalorisante, ce n'est pas de l'amour, c'est de la destruction. On croit que la passion, avec les crises de jalousie, les portes qui claquent, la vaisselle qui vole, c'est de l'amour. Mais non, pas forcément. L'amour peut être doux et calme.

QUAND ON EMMÉNAGE

Pas facile de quitter le doux cocon de chez papa et maman et de prendre son envol. Je suis parti tête baissée en pensant que tout se passerait comme sur des roulettes : le frigo va se remplir tout seul, le ménage va se faire tout seul... Bref, dans la vie d'adulte, les tâches du quotidien – faire la vaisselle, gérer le courrier, plier le linge... – sont vraiment barbantes ! Alors, un petit conseil : adoptez déjà de bonnes habitudes chez vos parents, si vous envisagez de prendre votre appart en solo ou en couple. Faire les courses, le repas, le linge... Commencez à vous en occuper quand vous êtes encore chez eux, comme ça, vous allez pouvoir leur demander conseil avant de tout gérer seul, ensuite. Pendant les premiers mois de vie commune avec Léo, nous avons déjeuné plus d'une fois à n'importe quelle heure, et surtout en mangeant n'importe quoi, car nous ne pensions pas à faire les courses ! Véridique !

INFLUENCEUR, VIVRE DE SA PASSION...

J'aime mon métier, je suis heureux d'être influenceur et d'avoir pu combiner ma passion pour le maquillage à ma façon de gagner ma vie. Pour être heureux dans la vie, c'est important d'être qui on est et de trouver sa voie. J'espère vous donner quelques pistes pour vous aider à vous réaliser dans votre domaine de cœur.

MA JOURNÉE TYPE

Je suis plus quelqu'un du soir : mes idées, mes inspirations arrivent après 20 heures. Alors, le matin, je me réveille trèèèès doucement entre 8 heures et 9 heures. Dès le saut du lit, je checke mon programme du jour préparé par mon agent – les partenariats à préparer, les vidéos à monter, les événements où je dois aller... Après ce rapide coup d'œil, je m'installe à mon bureau-coiffeuse et je me laisse totalement driver par mes envies. Je ne sais jamais à l'avance ce que je vais proposer à ma communauté. J'ai déjà essayé de programmer ma semaine – lundi, maquillage glamour ; mardi, maquillage Mathilda... –, mais ça ne marche jamais comme ça. Le maquillage – et mon emploi du temps –, c'est à l'instinct ! J'écoute mon cœur, mes envies et je commence à me maquiller. Je déteste l'organisation trop serrée, ça m'angoisse. Je dois avoir de grandes marges de liberté dans ma journée, sinon, je suis complètement improductif.

MES INSPIRATIONS

Je regarde beaucoup ce qui se fait sur les réseaux. Dès que je vois un maquillage qui me plaît, je l'enregistre. Je peux donc facilement le retrouver le moment venu pour revoir un détail qui m'a interloqué, une couleur qui m'a fait de l'œil. Quand je tombe sur un maquillage qui m'intéresse, ça me donne instantanément des idées, des envies de faire comme ci ou comme ça. Mon cerveau est toujours en ébullition. Je me nourris aussi beaucoup de films féeriques, d'univers fantastiques, et je passe des heures à regarder sur TikTok les edits de films avec Marilyn ou de films cultes comme *X-Men, Twilight*...

... AVEC FORCÉMENT DES SACRIFICES

Vous vous doutez bien que je ne suis pas devenu influenceur du jour au lendemain. Derrière ce métier de rêves et de paillettes, que j'ai voulu de toutes mes forces exercer, il y a beaucoup de travail. Grâce à mon expérience, voici ce que je peux partager avec vous si vous avez envie, vous aussi, de vous lancer dans le monde de l'influence ou dans une autre profession-passion.

UN INVESTISSEMENT DE DÉPART

Quand on a un rêve en tête, des objectifs à atteindre, une chose est sûre : il faut s'en donner les moyens. Avant de vous lancer, faites la liste de tout ce dont vous avez besoin. Comme le peintre a besoin de toiles et de pinceaux de qualité, un influenceur ne peut exercer sans un téléphone dernier cri, un éclairage adapté, un ordinateur pour réaliser les montages, etc. Je parle de mon secteur, car c'est celui que je connais le mieux. Mais chacun peut faire une liste de ses besoins par ordre de priorité et investir au fur et à mesure.

AU SECOURS, LÉO ! BESOIN D'UN GROS CÂLIN

Je suis très sensible au stress. Quand je craque ou que je n'arrive plus à gérer la pression, j'ai besoin de me blottir dans les bras rassurants de Léo, qui comprend parfaitement ce que je vis. C'est comme si je lui passais toute ma dose de stress : nous échangeons nos énergies mais lui sait très bien évacuer ! Et puis Léo est d'un naturel hyper calme, pour un anxieux comme moi, c'est une vraie bouée de sauvetage !

UNE PRIORITÉ EN TERMES DE TEMPS

Se lancer, c'est aussi mettre tous les moyens à disposition pour réussir. Et cela implique de prioriser sa vie professionnelle, surtout si on est indépendant, au détriment de sa vie personnelle. Parfois, on doit bosser le soir, les week-ends, surtout quand on est son propre patron, on n'a pas vraiment d'horaires, et c'est surtout très vrai au début. Sans oublier qu'on a la tête 100 % prise par son projet. Donc, c'est difficile de décrocher. Après, je vous rassure, vous pouvez plus facilement lisser votre emploi du temps pour récupérer.

DE FORTES PRESSIONS

Avant de vous lancer, renseignez-vous aussi sur l'envers du décor. Chaque profession a ses avantages et ses inconvénients. Par exemple, le métier d'influenceur, derrière les paillettes, s'accompagne de beaucoup de pressions : celles des algorithmes, des attentes de nos abonnés, de notre soif de performance et de course à l'audience... Je ne suis pas en train de me plaindre ! Je partage juste mon expérience avec vous.

MES MOMENTS DE CRAQUAGE

Comme bon nombre d'influenceurs, je n'arrive pas à décrocher de mon téléphone. Je ne suis pas un fou des appels ou des messages, mais je passe mon temps à poster ou à scroller à la recherche de nouvelles idées. Et, parfois, je suis au bord du burn-out digital. Ça m'arrive une fois tous les deux mois à peu près. Une journée blanche. Je me réveille en pleurs, je ne peux rien faire de ce que j'ai prévu. Je file sous la couette ou je me blottis dans les bras de Léo. Ça peut durer un jour entier et puis ça s'arrête, comme par magie. Maintenant, je sais que je fonctionne comme ça. Et chacun, en fonction de sa profession, doit trouver son mode d'emploi des jours sans. Parce que ça nous arrive à tous, et ce n'est pas bien grave ! Quand ça m'arrive, je sais que je ne peux rien faire contre cette tornade. Alors je sors mes mouchoirs et j'attends que ça passe. C'est le seul moment où je ne peux pas m'approcher de mon téléphone ! Le fait de fondre en sanglots me permet de relâcher toute la pression accumulée, tout le stress. Le lendemain, je suis frais et dispo comme une rose !

« JE FONDS EN LARMES, JE RELÂCHE TOUT, JE ME BLOTTIS DANS LES BRAS DE LÉO. JE PRÉFÈRE PLEURER UNE FOIS DE TEMPS EN TEMPS, TOUTE UNE JOURNÉE, ET QU'APRÈS CE SOIT FINI. »

LA NOTORIÉTÉ : PLUS FACILE À VIVRE À PARIS

L'avantage de Paris ? Pouvoir descendre à n'importe quelle heure du jour ou de la nuit parce qu'on a oublié d'acheter de la bufala ! Et dans l'anonymat le plus complet... Il y a tellement de stars qui vivent à Paris qu'un influenceur comme moi passe totalement inaperçu. Alors, oui, on me reconnaît, on m'envoie un petit clin d'œil, un sourire, mais ça s'arrête là !

MA TOUTE PREMIÈRE MARQUE

Depuis que je me maquille, j'ai dans un coin de ma tête l'idée de créer une marque qui me ressemble, qui prône haut et fort mes valeurs, qui invite tout le monde à mettre de la joie dans sa vie. Grâce à mon frère et à ma garde rapprochée... mon rêve s'est réalisé !

L'IDÉE DE DÉPART

Pourquoi ai-je eu envie de lancer ma propre marque de maquillage ? En fait, j'en avais un peu marre que les lignes de make-up dédiées aux hommes vantent un résultat invisible, non brillant. Le tout dans un packaging sobre, noir ou bleu. Mais à quoi ça sert, exactement ? Encore une fois, accepter cet état de fait, c'est laisser gagner ceux qui disent que le maquillage, le vrai, peps et coloré, c'est pour les filles. Certaines marques misent trop sur la discrétion. Du baume à lèvres, du fond de teint « seconde peau ». Au lieu de décomplexer l'homme qui a un souci avec sa part de féminité, on entretient les stéréotypes. Ces gammes de maquillage, qui n'ont pourtant rien de masculin à part le nom, ne permettent pas aux hommes de s'affranchir de la barrière sociétale du fameux « le maquillage, c'est pour les femmes » ! Beau gosse, barbe lustrée, lèvres mates et teint transparent... Fuck ! Comme si tous les hommes devaient être des barbus, très « virils ».

« POUR MOI, LE MAQUILLAGE SERT À SE METTRE EN VALEUR. PAS FORCÉMENT AU SENS DE "S'EMBELLIR", MAIS POUR DÉVOILER QUI ON EST VRAIMENT À L'INTÉRIEUR. LE MAQUILLAGE, C'EST UNE FAÇON COMME UNE AUTRE D'EXPRIMER SA VRAIE PERSONNALITÉ. »

L'ESPRIT DE LA MARQUE

Du coup, avec mon frère, Melvin, on a eu l'idée de lancer une marque de maquillage différente des autres. Et ça a été possible grâce au soutien sans faille de mon incroyable communauté. C'est par la visibilité qu'elle m'a donnée et son soutien quotidien que la marque FabianCosmetics® a pu voir le jour en décembre 2021. Créer une marque ? C'est un rêve que j'ai en moi depuis que je me maquille. FabianCosmetics® rassemble toutes mes valeurs de tolérance et de liberté. Chacun, peu importe son genre, son identité, son orientation sexuelle, peut ainsi exprimer qui il a envie d'être, sans frontières prédéfinies, et surtout sans étiquette ! FabianCosmetics®, c'est le retour à l'essence même du maquillage : des pigments de bonheur et un feu de créativité. En plus de ma communauté, j'ai été soutenu dans cette aventure par Léo – qui s'occupe de la compta et du business plan avec mon frère –, par Melvin et ma belle-sœur, Sorene. Les visuels de marque et, d'ailleurs, toute l'identité visuelle… c'est elle !

« SYNONYME DE SE MAQUILLER : SE METTRE EN VALEUR, S'EXPRIMER, DÉVOILER QUI ON EST. »

APPRENTI-CRÉATEUR

Dès que je commence à me maquiller, tout juste ado, je mélange les produits entre eux pour créer les textures que je veux, les couleurs de fards à l'intensité souhaitée… C'est comme une deuxième nature, chez moi. Par exemple, je sais créer mes propres highlighters en versant quelques gouttes d'alcool à 70° dans un mélange de fards à paupières en poudre pour les rendre plus compacts. Un peu comme un peintre qui prépare sa propre palette de peinture avant de commencer son œuvre… J'ai déjà le sens du détail, et je crée en parallèle un packaging noir avec, comme logo, mes initiales pour cacher les pots estampillés Sephora®…

LA COLLECTION DE FABIANCOSMETICS®

Avec ma team de passionnés, nous avons travaillé d'arrache-pied pendant deux ans pour créer FabianCosmetics®. Le principe ? Des pigments précieux et très intenses, du matériel épuré et de bonne qualité, le tout imaginé et fabriqué en Europe, et vegan. Un vrai challenge, vous pouvez me croire !

Mais nous sommes tellement fiers du résultat, simple, stylé et ultra-pimenté ! La collection permanente compte trois rouges à lèvres, trois crayons à lèvres – je suis un dingue des crayons à lèvres –, trois gloss, une palette de quinze fards. Mais ce n'est pas fini ! Une énorme surprise vous attend, alors restez connectés :)

FABIAN
cosmetics

MES SOURCES D'INSPIRATION

Mon cerveau est en ébullition permanente, j'ai une idée par seconde. Alors, quand un projet m'habite, voici comment je procède…

MON MOODBOARD

Quand je suis en phase création, j'ai besoin de « voir ». Je me fais alors un moodboard. Par exemple, pour la collection de FabianCosmetics®, lorsque j'ai eu la première inspiration, un soir, j'ai tout lâché ! J'ai commencé à fouiller sur Internet, pour trouver les images qui pouvaient correspondre à ce que je voyais dans ma tête. J'ai imprimé et j'ai épinglé un moodboard sur le mur.

MON UNIVERS VISUEL

Je m'inspire beaucoup du milieu grandiose du cinéma. Voici mon univers cinématographique.

Mon film préféré ? *Lucy* de Luc Besson avec Scarlett Johansson et Morgan Freeman (2014).
Le pitch ? Une femme se fait kidnapper et on lui injecte une sorte de drogue qui lui permet de se métamorphoser et d'utiliser toutes ses capacités cérébrales. Je l'ai vu au moins dix fois !
Je ressens la même sensation devant le miroir, ce pouvoir grisant d'être capable de me changer, de me métamorphoser, de devenir quelqu'un d'autre. Quand je ne me reconnais pas dans mon reflet, ça me fait littéralement vibrer.
Mon personnage préféré ? Mystique, des *X-men*. Cette antihéroïne bleue est une mutante, capable de se transformer en n'importe qui ! J'adore le concept.
Mes expos fétiches ? Quand je ne vais pas au cinéma ou que je ne regarde pas des films ou des séries, j'aime aller à des expos. Une de mes préférées ? « Pharaon des deux terres », sur l'Égypte, au Louvre. Un pur moment de bonheur et de dépaysement avec les statues, les crocodiles, les serpents... Tout un univers qui m'enchante.

EN PANNE D'INSPIRATION ?

Comme tous les artistes, il m'arrive d'être en panne d'idées : plus rien ne m'inspire. Je n'ai plus goût à rien. Quand c'est le cas, en matière de contenu, je fais au plus simple et... je recharge mes batteries. C'est plutôt rare, ça peut m'arriver tous les deux ou trois mois. C'est un signal fort, il faut que je fasse une pause de réseaux !
La première fois que j'ai eu ce syndrome de la page blanche – pas de son, pas d'image, pas d'idées –, j'ai paniqué. « Mince, j'ai tout donné, je suis à plat, je n'ai plus de jus ! » Je me suis même demandé si je devais continuer... C'était il y a deux ans et demi. J'ai bien fait de persévérer ! Maintenant, quand ça m'arrive, je sais ce que je dois faire... Je souffle un peu et j'attends que ça revienne. Je fais juste un petit coucou pour ne pas affoler ma communauté. Et je me reconnecte à d'autres sources d'inspiration. J'adore les univers féeriques, merveilleusement enchantés, complètement irréels et surtout tellement plus beaux que la vraie vie ! Des films comme *Avatar* me permettent de m'évader totalement.

MON ÂME D'ARTISTE

J'ai une âme d'artiste depuis que je suis enfant. Ça m'a toujours permis de m'évader dans ma tête, de rêver ma vie avant de la vivre, mais aussi de libérer mon trop-plein d'émotions.
Mon hypersensibilité m'oblige à toutes les éprouver puissance mille. Je ne suis pas simplement joyeux, mais totalement exalté, je ne suis pas triste, mais abattu... Tout m'affecte de manière disproportionnée si je n'arrive pas à me canaliser. Et quand mes émotions débordent, j'ai besoin d'occuper mes mains – et donc ma tête – pour les gérer. C'est en particulier vrai pour certaines d'entre elles, que je ne sais pas du tout assimiler, comme le sentiment d'injustice ou la frustration.
Quand je me retrouve confronté à ces ressentis, je tourne en boucle, je peux me mettre à pleurer et, surtout, ça me trotte dans la tête non-stop.
Je pense que c'est justement pour ne pas être dans la frustration que j'ai aussi développé un côté hyper perfectionniste. Je gère tout, tout seul – de l'idée au montage des vidéos, par exemple, pour mon métier d'influenceur, et de la création au choix des pigments dans mon rôle d'entrepreneur. Comme ça, au moins, je ne peux m'en prendre qu'à moi-même si ça ne va pas. Quand je parle de frustration, c'est une frustration par rapport à un résultat, pas un caprice d'enfant gâté. Je veux toujours le meilleur. C'est aussi pour ça que je suis au maximum dans le contrôle de tout.
Si je n'arrive pas à faire ce que je veux, ça va tourner dans ma tête pendant des heures. Le contrôle m'aide à limiter cette frustration.

MES CONSEILS POUR SE LANCER DANS LA CRÉATION

Bien s'entourer

Pour créer une marque ou une entreprise, bref, pour mener à bien un projet, il faut savoir s'entourer. Car tout faire tout seul et savoir tout faire... c'est impossible. Quand on se lance, on a tendance à vouloir tout prendre en main mais, en fait, à chacun son métier ! Moi, par exemple, j'ai des idées de maquillages et je sais les mettre en œuvre, mais je ne sais pas concevoir un site internet... En revanche, quand on est à la tête d'un projet, même si on ne sait pas faire, on doit savoir comment c'est fait afin de maîtriser toutes les étapes de la création. Si je récapitule : il faut donc comprendre le fonctionnement et laisser faire les plus experts.

Ralentir

Quand on a une idée – de génie, forcément –, on veut faire vite. Or, c'est une erreur... Il faut prendre le temps nécessaire pour bien peaufiner chaque étape. La rapidité et la hâte d'arriver au but ne nous font pas prendre les bonnes décisions. Il faut accepter de bien faire les choses de A à Z, et dans le bon timing. Et donc ne pas se presser !

Garder l'esprit créatif

J'ai lancé ma marque en moins de deux ans, mais ça fait des années que j'y réfléchis ! Je note des idées, des envies, mon cerveau travaille et met des petites graines sur ce chemin-là depuis des lustres...

FABIAN, VERSION MATHILDA

Mathilda, c'est une autre version de moi. Elle est tellement importante dans ma vie que je la considère comme une personne à part entière. Il y a Fabian CRFX, et il y a Mathilda. Bien entendu, l'un n'existe pas sans l'autre. Et Mathilda, avec ses multiples facettes, a ouvert un nouveau champ des possibles pour moi.

DANS CETTE PARTIE, NOUS ABORDERONS ENSEMBLE...

...la naissance de Mathilda

...ses transformations sublimes

DATES CLÉS

1994-1995 : ma mère est enceinte, elle attend une fille qui s'appellera Mathilda.

20 mars 1995 : ce n'est pas une fille qui naît mais... un garçon, mon frère, Melvin !

2017 : naissance de ma Mathilda, entre mes deux coming out.

MATHILDA, LA CRÉATION D'UNE FEMME 2.0

Mathilda... Quel destin ! Elle a eu sa propre histoire avant d'exister sur les réseaux sociaux, dont je me suis inspiré pour l'imaginer. Mathilda m'a ensuite libéré d'un nombre considérable de contraintes et de barrières, et surtout de ce besoin que j'avais de chercher la validation de mes maquillages dans le regard des autres. Avec Mathilda, ce personnage mi-réel, mi-virtuel, je me sens femme jusqu'au bout des ongles ! Elle plaît, tant mieux, elle ne plaît pas, tant pis. En tout cas, Mathilda existe pour mon plus grand plaisir, et celui de ma communauté.

MATHILDA... LE PRÉNOM DE MON FRÈRE !

En 1994, ma mère est enceinte pour la première fois, elle pense attendre une fille. C'est en tout cas ce qui ressort des échographies. Les échographes sont en effet formels : « Ça sera une fille, madame ! » Chouette ! Ma mère prépare tout pour l'arrivée du bébé, qui va s'appeler Mathilda. La chambre en rose, comme les broderies sur les bavoirs, les pyjamas et les bodies... Les premiers linges du bébé portent un beau M brodé. Sauf que ce n'est finalement pas une fille mais un garçon qui pointe le bout de son nez, le 20 mars 1995. Surprise totale. Surtout pour ma mère ! Finalement, ça ne sera pas Mathilda, mais Melvin. Un autre prénom avec un M... Ouf, les broderies sont sauvées ! Avec mon frère, nous avons appris cette anecdote sur sa naissance assez tardivement. Notre mère nous en a parlé vers mes 7 ou 8 ans, un jour que nous farfouillions dans les tiroirs et que nous sommes tombés sur le livret de famille. Ça nous a bien fait rire ! C'est aussi à ce moment-là que maman nous a appris une autre petite histoire concernant la maternité. Quand je suis né, cinq ans et demi plus tard, en octobre 2000, j'ai porté un bracelet de naissance... rose ! Car il n'y avait plus de bracelet bleu ! Un signe de la vie, peut-être ?

MAIS, C'EST TA SŒUR ?

En commentaires, on peut lire des : « Mais c'est Fabian ! », ou encore : « Mathilda, tu as un frère jumeau ? », ou bien : « Fabian, tu nous avais caché ta sœur ! » En fait, ma communauté m'a reconnu sous les traits de Mathilda – et sur ses réseaux sociaux !

SON IDENTITÉ

Dans une vidéo TikTok, vue plus de 3 millions de fois, je présente Mathilda dans le détail.

Prénom : Mathilda
Taille : 170 cm
Âge : 20 ans (un peu plus jeune que moi)
Signe astro : Taureau (comme ma mère...)
Couleur préférée : Turquoise

SA VRAIE NAISSANCE

Quand ai-je imaginé Mathilda ? Elle est née entre mes deux coming out. Comme nous l'avons vu, je me pose alors beaucoup de questions existentielles. Après mon premier coming out, j'assume mon orientation sexuelle, mais je me demande si je ne devrais pas changer de sexe. Pendant cette période de doutes, je regarde beaucoup de documentaires sur les transgenres, les transformations esthétiques extrêmes, je me renseigne sur le processus à suivre pour sauter le pas, les rendez-vous psy à prendre... C'est dans ce bouillonnement intérieur que Mathilda voit le jour. La quintessence de la féminité. Une femme magnifique qui ressemble d'ailleurs beaucoup à ma mère... Au moment de lui trouver un prénom, celui prévu pour mon frère m'est revenu !

Pendant toute la phase de mon second coming out, ma mère a été très présente pour moi. Nous discutions beaucoup. Elle m'a alors confié que, si j'avais été une fille, je me serais, moi aussi, appelée Mathilda, prénom qu'elle adore ! Mais elle attendait un second garçon ; cette fois les échographes ne se sont pas trompés. Pendant cette période étrange des deux coming out, à chaque moment de doute, ma mère me répétait : « Tu as le droit de te maquiller, même si tu es un garçon... L'envie de se maquiller ne justifie pas de changer de sexe... Ce n'est pas ton envie de te maquiller qui doit t'obliger à changer de sexe. Pose-toi les bonnes questions, est-ce que tu te sens homme ou femme, au fond de toi ? »

Je n'avais aucun doute là-dessus, je me sentais homme avant tout. Mais un homme qui veut se maquiller. C'est de là, dans ce mélange des genres, que Mathilda a fait son apparition. Dans mon esprit d'abord, sur le miroir ensuite, sur les réseaux enfin. Parfois, j'ai l'impression que Mathilda m'a sauvé en me donnant la permission d'être qui j'ai envie d'être.

LA TOUTE PREMIÈRE MATHILDA

Bien avant mes 17 ans, l'année de mes coming out, je me suis maquillé… et j'ai découvert le plaisir de me transformer, d'enfiler une perruque, de devenir un autre. C'était un divertissement solitaire, sans réel enjeu. C'était pour m'amuser et m'ouvrir à un nouveau monde imaginaire, moi qui aime tant m'évader dans ma tête. Ensuite, j'ai grandi et j'ai continué à me maquiller, comme vous le savez. Un jour, à mes débuts sur les réseaux, avec Giulia, une amie et influenceuse qui habitait Avignon, nous avons poussé le jeu un peu plus loin. Lors de cette séance photo, nous étions en bunnies tous les deux, façon *Playboy*, et Mathilda est apparue pour la première fois sur les réseaux. Une Mathilda vêtue d'un corset, avec un simple trait d'eye-liner et un peu de rouge à lèvres ; une chevelure au vent, mélange de mes vrais cheveux et d'une perruque châtain clair, en cheveux naturels. Le résultat de ce mélange, comme des extensions, est assez extraordinaire. Ce n'était pas vraiment prévu, mais c'est ce jour-là que j'ai nommé ce personnage « Mathilda » pour la première fois sur les réseaux. J'ai poussé la transformation jusqu'à envelopper et serrer mes pecs avec du scotch et à enfiler un corset avec un petit décoletté fait maison ! Et je me suis trouvée très belle, en Mathilda… Alors j'ai su qu'elle allait désormais faire partie de ma vie.

Giulia et moi, version bunnies

SON ÂME

Après cet épisode avec mon amie influenceuse, Mathilda est restée dans ma vie, alors en pleine effervescence existentielle. Avec mes maquillages à effets spéciaux, je me sentais de plus en plus coincé, de moins en moins moi. Je vivais comme en décalé. J'avais profondément envie de me maquiller autrement, de manière plus « féminine », pour reprendre les genres attribués par la société... Or, je ne m'en donnais ni le droit ni les moyens. Mathilda m'a libéré de cette obligation de faire du « maquillage d'homme », du maquillage à effets spéciaux ou artistique. Elle m'a émancipé du qu'en-dira-t-on. Elle m'a permis de ne plus avoir peur du regard des autres, de ne plus attendre d'approbation pour exister. Le personnage de Mathilda m'a permis de vraiment me transformer en femme, de me montrer sans complexe, d'assumer mes envies de me maquiller autrement, de sortir de ma zone de confort, encore une fois. Mathilda, je l'assume à 100 %, c'est le cliché de la femme jusqu'au bout des ongles ! Tous les attributs féminins sont poussés au maximum, par jeu, par provocation, mais surtout par envie.

Je dois dire aussi qu'avoir choisi le prénom prévu pour mon frère et imaginé un personnage qui ressemble autant à ma mère me rassurent beaucoup. Je sors de ma zone de confort, certes, mais je reste en terrain connu. Ce choix me permet aussi de garder une grande part d'authenticité. Ce prénom qui a une histoire dans notre famille, cette ressemblance flagrante avec ma mère me permettent de garder un pied dans ma vie d'avant Mathilda. Ce personnage ne sort pas de nulle part, ni même de mon imagination. Mathilda, c'est aussi un hommage à ma famille, qui m'a soutenu pendant cette période très perturbée pour moi. D'ailleurs, quand mes parents ont pris connaissance de son prénom, ils ont été vraiment touchés par cette attention et ce clin d'œil à notre histoire. Ce sont les seuls à m'avoir vu en Mathilda dans la vraie vie – en dehors de Léo, bien sûr. Il y a aussi mes grands-parents maternels. Un jour, j'ai sonné chez eux, en Mathilda. Ils m'ont trouvée très belle, « en vrai ». Mais, en réalité, ils sont habitués à mes déguisements depuis que je suis enfant, et Mathilda, ils ont appris à la connaître sur les réseaux.

SON SACRÉ CARACTÈRE

Mathilda, c'est la face cachée de Fabian ! Lui, il est discret et gentil, alors que Mathilda est une petite pestouille. Pas méchante non plus, mais gare à qui s'en approche de trop près pour lui chercher des noises. Mathilda ne se pose pas de questions. Elle vit comme elle est, c'est tout. Elle ne vous plaît pas ? Tant pis pour vous ! Mathilda ne perd pas son temps à essayer de vous séduire, de vous comprendre, de vous éduquer. D'ailleurs, elle est bien capable de vous envoyer voir ailleurs si l'herbe n'est pas plus verte, si vous commencez à la chauffer. Un exemple ? Là où Fabian filtre les messages homophobes ou y répond de manière courtoise de peur de blesser la personne en face, Mathilda peut riposter avec véhémence pour mettre les points sur les *I* et les barres sur les *T* aux homophobes qui croisent son chemin. Même pas peur ! Mathilda, avec son eye-liner affûté et sa manucure impeccable, est bien capable d'envoyer sur les roses quelqu'un qui l'insulte ! C'est une rebelle qui vit avec ses tripes. Elle aime, elle adore, elle déteste. C'est noir, c'est blanc. Pour elle, le gris souris n'existe pas. En me glissant dans la peau de Mathilda, j'adopte son côté rebelle et je-m'en-foutiste de starlette, complètement à l'opposé de Fabian. Mathilda est aussi audacieuse qu'il est timide. D'ailleurs, si Mathilda avait un message pour lui, elle lui dirait : « Fabian... libère-toi ! Te laisse pas faire ! Sois moins gentil ! » C'est vrai que, dans la vie, je dis tout le temps oui, par exemple. Le non ? J'ai beaucoup de mal. Ou alors, il faut vraiment que je n'en puisse plus. Que la coupe soit pleine, voire déborde ! Et encore, même quand ça déborde de tous les côtés, je suis capable de dire oui car le bonheur de mes proches compte beaucoup plus que le mien. J'adore faire plaisir aux gens, je préfère faire un cadeau qu'en recevoir un – ça me gêne trop. Voir quelqu'un que j'aime heureux me rend heureux. C'est pour ça que je fais tellement attention à mon entourage. Un exemple ? Ciné ou restau ? Je ne décide jamais, je laisse toujours le choix à mon accompagnant, même si j'ai une préférence. Au final, l'important, c'est de passer du temps avec mes amis, mon homme ou ma famille, peu importe l'activité choisie. Comme Mathilda, quand je suis avec des gens, je vis pleinement le moment présent. C'est une des choses qu'elle m'a apprises. Je suis à 100 % avec la personne que j'ai prévu de voir, jusqu'à sacrifier mes envies. En revanche, après, je ne suis pas du tout du genre à envoyer des messages ou à appeler. On me l'a d'ailleurs drôlement reproché ! « Si tu ne m'appelles pas, c'est que tu m'oublies ou que tu ne m'aimes pas. » Eh bien, rien à voir, je considère juste que, quand on est amis, on n'a pas besoin de se donner des nouvelles tous les jours, et que l'amitié sera identique dans six mois ! Mathilda m'a appris à m'affirmer davantage sur les réseaux et dans la vie. À mettre des limites là où les gens n'en ont pas pour moi.

« D'AILLEURS, SI MATHILDA AVAIT UN MESSAGE POUR FABIAN, ELLE LUI DIRAIT : "FABIAN... LIBÈRE-TOI ! TE LAISSE PAS FAIRE ! SOIS MOINS GENTIL !" »

LES MALLES DE SAINT-JUST

Depuis que je suis arrivé à Paris, j'ai un peu moins laissé s'exprimer Mathilda sur les réseaux sociaux. Je l'ai fait deux fois seulement. Une fois en mode badass, dans une baignoire bleue : j'ai juste enfilé un t-shirt strass à l'envers. Vous savez pourquoi ? Parce que j'ai tout simplement laissé la plupart des accessoires de Mathilda – dont les faux seins ! – à Saint-Just. Mais, maintenant que je vais déménager dans un espace plus grand, je vais pouvoir rapatrier toutes mes malles !

SES ACCESSOIRES

Faux seins, perruques en cheveux naturels, faux ongles... Mathilda met toujours le paquet sur les accessoires quand elle fait son show. Ce qui est rigolo, quand je commence à devenir elle, en me maquillant pendant de longues heures, c'est que ma voix devient plus sensuelle, ma démarche plus féline. Mon corps se transforme lui aussi et suit la cadence imposée par le glamour de Mathilda. C'est presque naturel pour moi de passer de Fabian à Mathilda. Comme si j'enfilais le costume de mon personnage au théâtre, pour un rôle que je connais par cœur ! Avec Mathilda, je suis dans l'instant. Je ne pense jamais à l'après ou au passé.

SES RÉSEAUX SOCIAUX

Quand j'ai publié les premières photos et vidéos de Mathilda, il s'est passé plusieurs choses. D'abord, ma communauté a vu que j'assumais cette nouvelle identité. Ensuite, côté maquillage, je suis passé de Fabian, le pro du gore et des effets spéciaux, à Fabian qui arrive à se transformer en femme. Comme si j'avais franchi une étape. Oui, je peux me transformer en femme. Et l'effet est vraiment trompeur. J'ai d'ailleurs reçu plus de compliments d'hommes, par exemple. Des hommes qui ne connaissaient pas Fabian CRFX et qui sont tombés sur le profil de Mathilda par hasard...

Code perdu !

Au départ, j'ai imaginé Mathilda comme une influenceuse à part. Avec ses propres comptes (**@mathilda.cr.fx**). Sauf que... entretemps, j'ai changé de mail, de téléphone, j'ai perdu le mot de passe et je n'ai plus accès à ses comptes. Du coup, aujourd'hui, Mathilda passe par les réseaux de Fabian. Mais je ne désespère pas de lui recréer des comptes rien que pour elle ! Surtout que Mathilda avait autour de 100 000 abonnés sur Instagram en 2019 et 300 000 abonnés sur TikTok, avec des vidéos de plus de 1 million de vues !

SES TECHNIQUES DE TRANSFORMATION

Ce qui prend le plus de temps pour passer de Fabian à Mathilda ? Dissimuler et redessiner mes sourcils, sculpter mon visage et enfiler une perruque (oui, oui !). Le maquillage de Mathilda, c'est un maquillage grandiose, très poussé, très structuré. C'est un maquillage extra-plus glamour, extravagant, à la limite du style drag-queen. Un maquillage féminin classique, mais fois mille dans son intensité.

Les sourcils (20 à 30 minutes de préparation)

Avant de commencer à les redessiner, il faut les cacher ! J'utilise pour ça de la colle en tube Cléopâtre® (Cléostick Marine). J'en mets plusieurs couches sur mes sourcils pour lisser les poils et les dissimuler. Ça me permet de donner ensuite la forme voulue à la ligne des sourcils de Mathilda. Il faut attendre une vingtaine de minutes que la colle fasse effet pour commencer à redessiner la ligne au feutre ou au crayon.

Une ligne de sourcils plus arrondie, pour un regard plus doux, sourcils très 2010 pour la Mathilda au naturel.
Une ligne de sourcils plus glamour, avec une structure plus droite, un résultat plus touffu, dessiné poil à poil au naturel pour la Mathilda glamour.
Une ligne de sourcils droite, plus foncée, plus marquée, plus impressionnante pour la Mathilda pétasse.

Le teint (1 h 20 de travail)

Le teint, c'est la base de tout maquillage. Encore plus quand il s'agit de réaliser un maquillage pour Mathilda. Je procède par étapes.
Je neutralise, par petites touches, toutes les ombres grises du visage, là où il y a un peu de poils de barbe, par exemple, avec un stylo color correcting orangé.
Je poudre le résultat à mort.
J'unifie le visage avec un fond de teint assez couvrant. La surface doit être parfaitement lisse, beaucoup plus que pour un maquillage classique.
Je crée une nouvelle structure de visage. L'anticernes, très clair, permet de créer un fort contraste sous les yeux. Le bronzer, très foncé, structure ou creuse les joues, la mâchoire, le front.

Le teint naturel, effet no make-up : les joues sont plus arrondies avec du blush rose tout doux.
Le teint plus glamour : les joues sont plus creusées avec la technique du contouring.
Le teint badass : tout est accentué, le bronzer, le blush.

La perruque (presque une heure !)

La perruque, c'est l'indispensable accessoire pour sublimer le résultat. Je les choisis toujours en cheveux naturels afin de pouvoir les coiffer, les lisser, les boucler, les colorer et les recolorer comme je veux. Les perruques en cheveux naturels sont plus chères (autour de 350-400 €) mais c'est un investissement indispensable pour un résultat au top qui fait parfaitement illusion.

Avant la pose : j'enfile un bonnet faux-crâne pour dissimuler tous mes cheveux. Je mets une colle spéciale dessus et j'enfile la perruque.

Pendant la pose : stop, plus bouger ! Pendant 45 minutes, il faut attendre que la colle prenne bien en tenant la perruque et sans faire de gestes brusques.

Après la pose : j'utilise une huile spéciale pour décoller la perruque. Ensuite, il faut réaliser un shampooing afin de retirer la laque et les autres résidus de produits utilisés (et un après-shampoing et parfois un masque) pour prendre soin de la perruque... comme pour de vrais cheveux !

IL N'Y A PAS UNE MATHILDA, MAIS DES MATHILDA

Ce que j'aime, chez Mathilda ? C'est qu'elle est plurielle ! Il n'y a pas une Mathilda mais des Mathilda. De la rousse et plantureuse Mathilda – merci les accessoires et les faux seins – à la no make-up Mathilda au naturel, j'ai imaginé plusieurs facettes pour elle. À travers ses différentes identités, Mathilda en met plein les yeux… et ce n'est pas fini !

DE FABIAN À MATHILDA

« Mathilda est de retour » : c'est toujours comme ça que j'annonce la nouvelle à mes stars quand je poste les créations Mathilda sur mon propre compte. Comme pour les autres maquillages, ceux de Fabian CRFX, je ne fais que du one shot. Je réfléchis à ce que je veux faire, je me lance. Ça me plaît, je publie ; ça ne me plaît pas, je me démaquille et je recommence.
Je ne suis jamais sorti dans la rue ou en event en Mathilda. Elle n'existe que sur les réseaux sociaux… Enfin, à part la fois où je suis allé voir mes grands-parents ! Sinon, pour la petite histoire, le maquillage de Mathilda est celui que je garde le plus longtemps : je peux tenir toute une journée avec ! Mathilda, c'est peu dire que je l'aime. Je l'adore… mais ça me fait quand même quelque chose de bizarre quand je croise son reflet dans le miroir. Autant je suis habitué à voir ce personnage clé de mon univers sur les vidéos des réseaux, autant, dans la vraie vie, quand je m'observe en Mathilda, j'ai beaucoup de mal à reconnaître le Fabian en dessous. C'est bien, parce que ça veut dire que le personnage de Mathilda est réussi, mais c'est aussi très déstabilisant. Fabian en Mathilda ? La preuve en images !

Mathilda no make-up, au naturel

Mathilda a plein d'identités. Parfois, j'aime le no make-up naturel. La brune simple, sans trop de maquillage.

C'est clairement là que je ressemble le plus à ma mère. C'est même assez dingue ! Mathilda brune, comme ça, c'est de loin ma préférée.

Mathilda super star

Par exemple, ci-contre, j'ai voulu recréer un maquillage de star des années 2000, façon Shakira, Gwen Stefani, Christina Aguilera ou Beyoncé. Pas mal, non ?

Mathilda bimbo, blond platine

Parfois, j'aime la Mathilda très, très, très extravagante, limite bimbo, avec les cheveux blond platine, ou châtain très clair, au décolleté vertigineux... J'adore jouer de tous les clichés, tenir tous les rôles.

Mathilda rousse

Mathilda blonde ? Déjà fait. Mathilda brune ? Déjà vue. Ce jour-là, j'avais envie de changer de tête et... de couleur de cheveux ! Allez hop ! Mathilda rousse ! On adore !

Mathilda Mystique

Mathilda, c'est un peu toutes les femmes ! J'ai aussi déjà fait une version Mystique, mon personnage préféré, tous films confondus. Une transformation radicale !

MES CONSEILS POUR SORTIR DE SA ZONE DE CONFORT

Je parle souvent de sortir de sa zone de confort. Ce n'est pas toujours facile. Moi aussi, parfois, j'ai un peu de mal. Mais, chaque fois que le fais, j'évolue positivement, j'apprends quelque chose sur moi, sur ma façon de vivre. Alors, voici mes conseils pour vous aider à sortir de votre zone de confort !

Lancez-vous de petits défis au jour le jour

Par exemple, il m'arrive de me dire : « Aujourd'hui, je vais me maquiller avec une couleur que je n'utilise jamais ou des produits que je n'ai jamais essayés. »

N'ayez pas peur d'en faire trop

Si vous voulez essayer quelque chose, allez-y ! Osez. Il sera toujours temps de ralentir plus tard ou de modérer le résultat. C'est en tombant qu'on apprend à marcher. Moi, j'essaye toujours, et je vois ce qui fonctionne ou ce qui ne fonctionne pas. Et je n'hésite pas, en maquillage, à me laisser guider par mon imagination.
Le but, c'est d'abord de s'amuser, et, ensuite, d'apprendre.

Inspirez-vous des autres

Pour le maquillage, vous pouvez piocher un élément d'une création make-up d'un influenceur, une idée sur un autre compte, trouver un détail à droite, un autre à gauche... et créer votre propre modèle. Car, n'oubliez pas, vous êtes unique ! Ce conseil est valable dans le domaine du maquillage, mais aussi pour bien d'autres domaines... Par exemple, si vous manquez cruellement d'organisation, vous pouvez chercher des idées et des conseils d'expert en la matière – même sur Instagram il y a des influenceurs –, essayer certaines pistes et voir ce qui vous correspond ! C'est comme ça que vous allez changer de façon de faire.

create yourself

MES CONSEILS POUR RESTER MOTIVÉ

Quand on se lance dans un projet personnel ou professionnel, surtout quand on est indépendant, il faut garder la motivation des débuts intacts au fil des mois… Voici quelques-unes des astuces qui ont marché pour moi !

Revoir ses objectifs à très court terme

Quand on se lance un challenge objectif dans six mois, on prend le risque de laisser le temps filer. Ainsi, pour ne pas perdre de vue son but (par exemple courir le marathon de New York), il faut le découper en sous-objectifs. D'abord faire un footing par semaine, puis deux, allonger le temps de sortie, etc. C'est comme ça qu'on garde son objectif final dans le viseur tout en avançant chaque semaine !

Et si, aujourd'hui, je n'ai pas d'idées ?

Posez-vous un instant et ouvrez les yeux autour de vous. Tout ce qui vous entoure peut être une source d'inspiration. Il suffit de laisser divaguer son esprit.

Et si, aujourd'hui, je n'y arrive pas ?

Depuis ce matin, rien ne vient. Aucune idée, aucune envie. Pas grave, ces jours « sans », j'en profite pour faire ce que je déteste faire : la paperasse. Au moins j'avance un peu sur un dossier en cours ! Et je mets mon cerveau sur pause. Autre astuce pour ceux qui ont tendance à procrastiner (« Mon courrier ? Je m'en occupe demain ! » Ça vous parle ?) : je consacre une heure par semaine à l'administration et à tous les trucs pénibles à faire. Pour moi, c'est le vendredi début d'après-midi. Comme ça, je n'y pense plus les autres jours !

CONCLUSION

Écrire ce livre n'a pas été facile. Même si je suis une « star » des réseaux, je n'aime pas me mettre en avant. Les vraies stars sont les gens de ma communauté. J'en ai bien conscience. Ce qui compte, et j'espère avoir pu vous le démontrer dans ce livre, c'est de trouver sa voie et d'arriver à s'exprimer en toute liberté, sans craindre le regard des autres. J'ai pu réussir grâce à vous. Et pour m'avoir soutenu et permis de devenir qui je suis aujourd'hui, je vous remercie du fond du cœur.
Je suis encore jeune, je n'ai que 22 ans, mais je suis fier de tout le chemin que j'ai parcouru depuis mes crises de doutes et ma décision de rester un homme qui se maquille, sans changer de sexe. J'espère que je parviendrai, par mes réseaux, par mes diverses collaborations, par mes créations, à susciter à mon tour des vocations.
Oui, c'est possible de vivre pleinement de sa passion, j'en suis la preuve ! Aujourd'hui, des marques me font confiance, et nous ouvrons le chemin d'une autre vision de l'univers du maquillage. Si je peux vous aider, ne serait-ce qu'un petit peu, à vous libérer de certaines chaînes imposées par la société, j'aurai relevé un énorme challenge et contribué, à ma façon, à changer notre monde. Et à le rendre plus libre.

Je ne sais pas où je serai dans dix ans. Encore à Paris ? Dans une cabane au fond des bois ? En tout cas, une chose est sûre : avec ou sans les réseaux, je continuerai à me maquiller, parce que ça m'amuse de changer d'identité, de devenir une autre personne, le temps de quelques heures. J'aime m'imaginer en artiste dans un grand atelier de bric et de broc, avec mes palettes de maquillage, ma peinture, mes collages, mes pinceaux, mes crayons, mes ornements pour créer des bijoux... Un endroit simple qui me ressemble, réunissant de toutes petites choses, des tonnes d'objets souvenirs et, surtout, des toiles vierges sur lesquelles peindre la suite...

REMERCIEMENTS

Mes premiers remerciements vont tout droit à ma mère et à mon père. Merci d'avoir été des parents aimants et d'avoir tenu votre rôle de parents. Cœur. Cœur. Cœur.

Merci à Melvin de m'avoir aidé à réaliser mes rêves et de me soutenir encore aujourd'hui.

Merci à Léo, mon amoureux, de me supporter tous les jours, toutes les nuits et de me guider à travers mes émotions. Je t'aime.

Enfin, merci à ma communauté, mes stars du quotidien, c'est grâce à vous que j'ai pu réaliser ce livre. Merci pour la force et le soutien que je reçois de votre part tous les jours. Grâce à vous, je suis fier de ce que je fais et de qui je deviens.

Crédits photographiques
© Alejandra Loaiza (couverture, p. 67 et 79)
© Fabian Cosmetics (p. 71, 85, 112-114)
© IStock : p. 16 : KrimKate ; pp. 29, 49, 75 et 81 : bigtunaonline ; pp. 33 et 89 : FTiare ; pp. 41, 61 et 77 : detshana ; p. 99 : boonsom ; p. 111 : banjongseal324 ; pp. 20, 57, 59, 69, 71-74, 108, 112-114, 122, 124, 128, 133-135 et 143 : Tetiana Saranchuk

Imprint, La maison Hachette Pratique
58, rue Jean-Bleuzen – 92178 Vanves Cedex
www.hachette-pratique.com

Direction Hachette Pratique : Catherine Saunier-Talec
Direction éditoriale : Stéphane Rosa
Responsable de projets : Fanny Ecochard-Martin
Suivi éditorial : Camille Lenglet
Responsable artistique : Cécilia Rehbinder
Collaboration rédactionnelle : Alexandra Raillan
Conception graphique, couverture et mise en pages : Studio Blick
Illustrations : Stéphanie Rubini (p. 35, 37, 53, 58, 63-66, 76, 80, 83, 93 et 138)
Préparation de copie : Céline Derouet
Relecture : Isabelle Stiegler et Hélène Meurice
Fabrication : Zoé Farré-Vilalta et Amélie Latsch
Responsable partenariats : Dana Lichiardopol (dlichiardopol@hachette-livre.fr)
Responsable communication : Johanna Rodrigue-Faitot

79-0323-1/01
ISBN : 978-2-01-946685-5
Dépôt légal : septembre 2023
Achevé d'imprimer en juillet 2023 par Macrolibros en Espagne.

PAPIER À BASE DE FIBRES CERTIFIÉES

hachette s'engage pour l'environnement en réduisant l'empreinte carbone de ses livres. Celle de cet exemplaire est de :
850 g éq. CO_2
Rendez-vous sur www.hachette-durable.fr